La consommation responsable

*Entre bonne conscience individuelle
et transformations collectives*

D1413917

La consommation responsable

Entre bonne conscience individuelle et transformations collectives

Un livre du
Collectif d'étude sur les pratiques solidaires

LES ÉDITIONS
écosociété
MONTRÉAL

Révision: Serge Mongeau

Typographie et mise en pages: Andréa Joseph [PageXpress]

Illustration de la couverture: Guadalupe Trejo

Illustrations intérieures: © Marco Sylvestro et le CEPS

Correction: André Racette et Valérie Lefebvre-Faucher

© Les Éditions Écosociété, 2007

LES ÉDITIONS ÉCOSOCIÉTÉ

C.P. 32052, comptoir Saint-André

Montréal (Québec) H2L 4Y5

Dépôt légal: 2ᵉ trimestre 2007

Depuis les débuts, les Éditions Écosociété ont tenu à imprimer sur du papier contenant des pourcentages de fibres recyclées et post-consommation, variables selon la disponibilité du marché. En 2004, nous avons pris le virage du papier certifié *Éco-Logo – 100 % fibres post-consommation* entièrement traité sans chlore. De plus, afin de maximiser l'utilisation du papier, nos mises en pages ne comportent plus de pages blanches entre les chapitres.

Catalogage avant publication de Bibliothèque et Archives nationales du Québec et Bibliothèque et Archives nationales du Canada

Vedette principale au titre:

La consommation responsable: entre bonne conscience individuelle et responsabilité collective

(Actuels)

Comprend des réf. bibliogr.

ISBN 978-2-923165-30-1

1. Consommation (Économie politique) – Aspect social. 2. Économie sociale. 3. Solidarité. 4. Responsabilité. I. Jacques, Julie, 1976-. II. Collectif d'étude sur les pratiques solidaires.

HD835.C66 2007   306.3   C2007-940604-1

Nous remercions le Conseil des Arts du Canada de l'aide accordée à notre programme de publication. Nous reconnaissons l'aide financière du gouvernement du Canada par l'entremise du Programme d'aide au développement de l'industrie de l'édition (PADIE) pour nos activités d'édition.

Nous remercions le gouvernement du Québec de son soutien par l'entremise du Programme de crédits d'impôt pour l'édition de livres (gestion SODEC), et la SODEC pour son soutien financier.

Au souvenir de
Édouard Rihouay
(1980-2006)

Glaneur réjouissant
planchiste épique
rigoleur contagieux
sérieux à ses heures
sociologue de la fête
et utopiste assumé

REMERCIEMENTS

Le CEPS tient à remercier le Café-auberge l'Utopik et toute son équipe, qui ont accueilli nos deux séminaires publics ; le Centre de recherche sur l'innovation sociale (CRISES) pour son aide financière et logistique ; les Éditions Écosociété et Serge Mongeau pour l'édition et la publication de ce texte ; Maude Prudhomme pour la transcription des discussions et David Brunelle-Lamontagne pour son aide technique.

TABLE DES MATIÈRES

INTRODUCTION

Le développement durable est pour l'entreprise
un mode d'expression de sa liberté.

Mouvement des entreprises de France (MEDEF)

«ACHETER, C'EST VOTER», entend-on dire de plus en plus.
Cette expression est-elle en passe de devenir le slogan
d'une révolution tranquille qui passerait par la consommation? En vertu de ce slogan, l'achat politique garantit un
soutien à certaines entreprises plutôt qu'à d'autres. Ainsi
les consommatrices et les consommateurs «voteraient»
en faveur de celles qui correspondent davantage à leurs
valeurs et le marché s'autorégulerait par l'ajustement
d'une offre et d'une demande chargées «moralement».
Qu'en est-il vraiment? Quelles en sont les implications
pour la démocratie? L'acte d'achat serait-il un acte politique qui se combinerait au devoir citoyen caractérisé par
le vote électoral? Si oui, quelle est la portée réelle de tels
actes? Si non, n'est-ce qu'un leurre, qu'une stratégie qui
s'insère tout à fait dans l'économie actuelle, un nouvel
artifice publicitaire qui «capitalise» sur la «conscience
sociale» des «citoyenNEs» sans modifier les fondements

structuraux des inégalités sociales? Autrement dit, pour reprendre le langage des gestionnaires, la consommation responsable n'est-elle qu'une «stratégie de niche»? Un moyen de freiner les critiques envers l'économie néolibérale en amoindrissant ses effets pervers? Une subvention plutôt qu'une subversion?

À partir de ces questionnements, le Collectif d'étude sur les pratiques solidaires (CEPS) a organisé, le 29 septembre 2006, un séminaire public intitulé *La consommation responsable est-elle au service du néolibéralisme?* Par cette formule provocatrice, nous voulions engager une discussion critique sur les pratiques de consommation responsable afin de mieux comprendre leur insertion dans l'économie actuelle, leur dimension politique et leur potentiel de transformation des relations sociales.

Pour ouvrir le débat, trois personnes se sont exprimées sur le thème avant d'engager la discussion avec la quarantaine de participantes et de participants. Serge Mongeau, auteur et activiste bien connu, a ouvert le bal avec un énoncé sur la simplicité volontaire. Julie Jacques, doctorante en sociologie à l'Université du Québec à Montréal (UQÀM), a poursuivi en amenant des données empiriques sur les consom'acteurs et leurs perceptions de la consommation responsable. Enfin, Patrice Rodriguez, membre fondateur de l'organisme Parole d'excluEs[1] et membre du CEPS, a situé la consommation responsable dans le panorama des options historiques de sortie du capitalisme. Ces présentations et la discussion qui a suivi ont été fort enrichissantes pour tous et toutes. Le CEPS est donc très heureux que les Éditions Écosociété lui permettent de vous les présenter pour nourrir votre réflexion.

---

1. Voir le site www.parole-dexclus.qc.ca/.

Qui nous sommes

Le Collectif d'étude sur les pratiques solidaires (CEPS) est un regroupement multidisciplinaire d'une douzaine de chercheurs et de chercheuses, d'étudiantEs, d'intervenantEs sociaux qui, depuis 2003, est engagé dans un programme de recherche sur les «pratiques solidaires», c'est-à-dire des modèles alternatifs d'insertion sociale et de solidarité, des relations économiques alternatives, des pratiques autogestionnaires et coopératives. Notre perspective générale est de contribuer au renouvellement des pratiques et des discours sur la solidarité économique et sociale à l'échelle internationale (entre pays du Nord et pays du Sud) et à l'échelle nationale ou infranationale (par exemple entre des régions contiguës du Nord).

Le collectif est composé en majorité d'universitaires. Ces personnes sont aussi des militantEs de diverses causes sociales, si bien que, dès le départ, le CEPS s'est voulu ouvert sur la société et sur les perspectives de changement social. Nous cherchons toujours à élargir nos partenariats avec les acteurs du changement social. Dans cette optique, notre but n'est pas tant de produire de la connaissance au bénéfice de la Tour d'ivoire universitaire que de susciter la réflexion et d'outiller tous ceux et celles qui œuvrent à la construction d'un «autre monde» où la justice sociale serait au cœur des relations entre les peuples et entre les individus.

Nous avons débuté nos travaux de recherche par un tour d'horizon sur le «mouvement» du commerce équitable afin d'en connaître les acteurs, les dynamiques d'action collective et les rationalités politico-sociales[2]. Le

---

2.   Yanick Noiseux, «Document de référence Internet – dossier commerce équitable», dans *Les Cahiers du CRISES*, n° ET0416,

commerce équitable international est justement une tentative de réformer le mode d'inclusion libéral basé sur les lois du marché et les droits individuels. Cependant, les critiques des modes de vie occidentaux contenues dans des discours comme ceux de la simplicité volontaire, du *slow food*, des *cittàslow*[3] ou de la décroissance soutenable nous ont porté à élargir notre angle de vision pour y inclure des initiatives solidaires qui ne se situent pas seulement sur le plan du marché économique, mais aussi sur ceux du travail, de la communauté et de l'interpersonnel.

Alors que le commerce équitable concerne les échanges internationaux, il nous est apparu particulièrement fécond de nous intéresser aussi aux discours et aux pratiques de solidarité économique infranationale. En effet, à l'heure où la solidarité basée sur l'appartenance nationale s'effrite au profit, d'une part, des attitudes individualistes ou néo-tribales et, d'autre part, de la mondialisation des échanges

---

Montréal: CRISES, 2004; Marco Silvestro, «Quelques synthèses et réflexions sur le commerce équitable», dans *Les Cahiers du CRISES*, nᵒ ET0420, Montréal, CRISES, 2004. Nos rapports de recherche sont disponibles sur notre site Internet à l'adresse suivante: www.unites.uqam.ca/ceps.

3. La simplicité volontaire affirme qu'on peut vivre richement et pleinement en sortant de la société de (sur)consommation et de la poursuite du bonheur matériel. Le *slow food* s'inscrit dans la même veine et développe les idées de qualité alimentaire et de jouissance des relations sociales qui se nouent autour des repas et des fêtes. Les *cittàslow*, petites villes italiennes, vont encore plus loin en étendant ces principes à l'échelle de la municipalité en favorisant des milieux de vie écologiques et conviviaux. Ces trois discours collectifs partagent une critique commune: le mode de vie occidental actuel est trop rapide, axé sur le travail et la surconsommation, écologiquement et humainement malsain.

économiques et culturels, comment se pose la question
des échanges économiques locaux et de la solidarité entre
citoyenNEs? À l'échelle de la ville, de la province et/ou de
la région, pouvons-nous observer des initiatives qui pro-
meuvent des modèles de solidarité qui s'inspirent de la justice sociale, de la protection de l'environnement, de l'équité
des relations économiques, du localisme, de la richesse des
relations sociales?

Afin de donner une base empirique à nos réflexions,
nous nous sommes engagéEs dans un travail de recension
d'expériences alternatives québécoises qui ont une forte
composante économique. Une vingtaine d'entre elles
ont été retenues et de courtes monographies ont été produites et rassemblées dans un rapport de recherche[4]. Trois
exemples d'entreprises locales actives dans le commerce
équitable, deux systèmes d'échanges locaux (SEL), quelques
initiatives d'agriculture soutenue par la communauté, des
médias alternatifs, des ateliers coopératifs, des logiciels
libres, etc. Ce portrait diversifié montrait surtout que les
initiatives alternatives existent, qu'elles sont en fait nombreuses, diversifiées, et que plusieurs contiennent des
propositions offrant des pistes sérieuses de substitution à
des façons de faire promues par le marché capitaliste.

Dans l'optique qui est la nôtre, nous avons ensuite tenu
des activités publiques pour continuer la réflexion sur des
sujets pouvant intéresser directement les groupes engagés
dans le changement social. Nous avons organisé, en janvier
2006, un premier séminaire public sur le thème des

---

4.   Jérôme Leblanc, Yanick Noiseux, Marco Silvestro et colla-
     borateurs, «Pratiques solidaires dans la relation d'échange.
     Monographies d'initiatives québécoises», dans *Les Cahiers
     du CRISES*, n° C-07-2005, Montréal, CRISES, 2005.

logiciels libres et des technologies de l'information et de la communication (TIC) en relation avec l'action communautaire. En septembre de la même année, nous avons récidivé en proposant une réflexion collective sur la question *la consommation responsable est-elle au service du néolibéralisme ?*

La consommation responsable : de quoi parle-t-on ?

Consommation avertie, consommation solidaire, responsable, citoyenne, engagée, verte ou éthique, simplicité volontaire, consomm'action – les termes abondent et nous informent sur la variété des approches qui questionnent le modèle de consommation de masse des sociétés du Nord, lequel est en voie de généralisation dans les sociétés du Sud. Il y a déjà plus d'un siècle que les économies occidentales sont peu à peu entrées dans la consommation de masse. Jusqu'à un certain point, la généralisation de ce modèle et son approfondissement, par la stratégie des niches spécialisées et adaptées à des clientèles spécifiques, est devenue un indicateur du « bon état de développement » des sociétés actuelles.

Ce point de vue a été ouvertement contesté dès 1972 par la publication du rapport du Club de Rome : *Halte à la croissance*. Le rapport dénonçait l'exclusion, par le modèle de développement fordiste, de la question environnementale, et prédisait une grande crise pour 2010. Le même groupe publiait en 1974 un deuxième document sur le grand gaspillage dans les sociétés développées[5]. Dès lors, la

---

5. Ces rapports ont été par la suite édités. Voir Donella H. Meadows, Dennis L. Meadows, Jorgen Randers et William W. Behrens III, *Halte à la croissance ? Rapport sur les limites de*

décennie 1970 devient celle de la remise en cause du modèle fordiste et développementaliste dans lequel le progrès passe inexorablement par une croissance continue des capacités de production et de consommation des populations, des organisations et des entreprises. En même temps, les pays en développement commencent à critiquer l'approche autoritaire en matière de développement international. Ils plaident pour le commerce plutôt que la charité avec le mot d'ordre : *trade, not aid!* Plutôt que de panser nos plaies avec vos pansements, aidez-nous à développer nos propres systèmes de production, proposent-ils aux agences internationales de coopération. Quelques organisations du Nord engagées dans le développement et la coopération internationale commencent à réagir. Ce qu'on appellera le commerce équitable est en train de naître.

Le Club de Rome se demandait à l'époque s'il était possible de maintenir un développement croissant qui prendrait en compte l'empreinte écologique[6]. Leur réponse était oui. Il est possible de penser des contraintes, des normes, des lois qui permettraient de mettre en place de nouvelles régulations plus respectueuses de l'environnement. S'ouvre alors la porte à un nouveau modèle de

---

la croissance, Paris, Fayard, 1972 ; Denis Gabor et Unberto Colombo, *Sortir de l'ère du gaspillage*, Paris, Dunod, 1978.

6.   «L'empreinte écologique est la surface correspondante de terre productive et d'écosystèmes aquatiques nécessaires à produire les ressources utilisées et à assimiler les déchets produits par une population définie à un niveau de vie matériel spécifié, là où cette terre se trouve sur la planète.» Voir M. Wackernagel et W. Rees, *Notre empreinte écologique*, Montréal, Éditions Écosociété, 1999. Actuellement, si tous les humains consommaient comme nous le faisons en Occident, nous aurions besoin de plusieurs planètes pour soutenir notre mode de vie.

développement qui se formalise au milieu des années 1980 : le développement durable[7].

Commerce équitable et développement durable apparaissent dès lors comme deux valeurs pouvant orienter le système économique international, voire le transformer significativement. Cependant, les avancées découlant des discours critiques du modèle de développement libéral ne règlent pas les questions soulevées par le Club de Rome : l'accroissement de la consommation et la croissance économique sont encore les dynamiques fondamentales de notre système économique. En ce sens, la consommation responsable qui est en accord avec ces dynamiques, est-elle au service du néolibéralisme ?

Pour répondre à cette question, en ouverture, Serge Mongeau livre une réflexion inspirée de la simplicité volontaire, ce courant de pensée qui critique le mode de consommation occidental. M. Mongeau insiste pour dire que la consommation dite responsable n'est pas la panacée pour régler tous les problèmes, mais que cette façon de faire doit être combinée avec d'autres modes d'action collective, notamment le commerce équitable international, la production et la consommation locale pour tout ce qu'il est possible de produire ici, voire même la non-consommation, c'est-à-dire le choix de satisfaire nos besoins matériels autrement que par des relations d'achat.

Julie Jacques nous offre pour sa part quelques idées tirées de sa recherche doctorale en cours. Mme Jacques cherche à connaître les motivations des consommateurs et consommatrices de produits équitables et/ou biologiques

---

7. Commission Mondiale sur l'environnement et le développement de l'Organisation des Nations Unies, présidée par Mme Gro H. Brundtland, *Notre avenir à tous*, 1987.

et se demande si acheter de tels produits est un engagement politique. Elle met notamment en relief le fait que tous les actes d'achat et de consommation ne sont pas équivalents : il y a une différence entre acheter des légumes biologiques dans une grande surface et à en acheter directement du producteur. Il faut donc qualifier et différencier les pratiques de consommation. Son texte souligne que, pour les consomm'acteurs, choisir un produit signifie *quelque chose* de plus que les caractéristiques du produit. Il y aurait là une dimension de construction des choix (ou des préférences, pour utiliser le langage de la science économique) qui peut se rattacher à des opinions politiques, à des identités collectives, à une sensibilité humaniste et/ou écologiste.

Patrice Rodriguez estime quant à lui que l'idée de consommation responsable n'est pas neuve. Il en veut pour preuve les campagnes de promotion « achetez national » largement utilisées depuis les années 1970. M. Rodriguez élargit le débat de façon intéressante en rappelant que « l'économie est un système cohérent, et surtout collectif, dont la consommation est seulement l'un des maillons. Il n'y a pas d'économie sans développement de la demande, organisation de la production, accumulation de la richesse produite, système de mise en marché, répartition ou non de cette richesse, éventuellement de son réinvestissement ». Cette façon de poser la question est plus globale et permet de questionner le modèle d'insertion sociale – de solidarité – qu'une collectivité politique décide de se donner. Pour lui, le potentiel de changement se trouve dans la réorganisation globale du système économique, pas seulement dans l'introduction d'un discours éthique dans des pratiques de consommation, par ailleurs guères modifiées.

Une discussion fait suite aux trois présentations. Elle montre que les participantEs s'interrogent sur la meilleure façon de réaliser des changements radicaux. Plusieurs personnes questionnent la capacité du système parlementaire à accoucher d'orientations collectives ayant un impact réel. On se demande s'il n'est pas mieux d'agir en parallèle du système politique et du marché capitaliste en bâtissant des réseaux d'échange et de solidarité qui respecteraient l'environnement, la justice sociale et l'équité. Certaines personnes rappellent que, si on se restreint à la consommation pour faire advenir des changements, on élimine *de facto* de grands pans de population : tous ceux et celles, ici comme ailleurs, qui ne peuvent pas participer au jeu clinquant de la consommation et du « vote » économique, tous ceux et celles qui sont déjà exclus du système faute de moyens financiers. N'y a-t-il pas contradiction à évoquer la réduction de la consommation alors qu'une partie de la population ne mange pas à sa faim et utilise une trop grande proportion de ses revenus uniquement pour se loger ?

Heureusement, tout n'est pas sombre. Notre séminaire et les discussions qu'il a provoquées indiquent plusieurs pistes de solution. Un constat général ressort : nous ne pourrons pas faire changer radicalement les inégalités économiques en misant sur le consommateur libéral. En effet, cette figure abstraite, théorique, suppose l'égoïsme, l'individualisme, des désirs illimités et une réalisation de soi par le biais de relations marchandes. Plongée dans la société de consommation, cette figure du citoyen-consommateur ne dispose que d'un éventail réduit de choix : entre un café équitable et un autre qui ne l'est pas, le choix reste quand même la consommation individualisée. Il faut donc dépasser la «responsabilité» individuelle et avancer des solutions structurelles. Pour que le commerce devienne vraiment équitable, pour que la production et la consommation soient en adéquation avec les écosystèmes, il faudra au premier chef que les citoyens et citoyennes s'interrogent sur toutes les dimensions du vivre-ensemble et décident collectivement du modèle d'allocation des ressources économiques qui soit le plus juste pour tous et toutes.

Bonne lecture, bonne réflexion, et agissez en conséquence!

Marco Silvestro

Pour le CEPS
Richard Allaire, doctorant en sociologie, UQÀM
Jean-Marc Fontan, professeur de sociologie, UQÀM
Amandine Guilbert, doctorante en sociologie, Université de Lyon
Anna Kruzynski, professeure de travail social, UdeM
Anne Latendresse, professeure de géographie, UQÀM
Sara La Tour, maîtrise en sociologie, UQÀM
Jérôme Leblanc, maîtrise en science politique, UQÀM
Yanick Noiseux, doctorant en sociologie, UQÀM
† Édouard Rihouay, master en sociologie, Université Le Mirail, Toulouse
Patrice Rodriguez, Parole d'excluEs
Isabelle Ruelland, maîtrise en communication sociale, UQÀM.
Jonathan Scott, maîtrise en sociologie, UQÀM
Minielle Tall, maîtrise en communication, UQÀM

L'annonce du débat et les commentaires qu'elle a suscités

LA TENUE DU SÉMINAIRE A ÉTÉ ANNONCÉE sur plusieurs sites Internet d'information alternative, dont La Tribu du verbe, où une discussion fort pertinente s'est engagée. La Tribu du verbe, née le 20 octobre 2001, est l'un des premiers blogues politique et social apparus au Québec «durant la préhistoire de la blogosphère francophone», apprend-t-on dans un billet du webmestre Bob l'Aboyeur à l'occasion du cinquième anniversaire du site. Une centaine d'auteurs, «près de 2600 textes, 16 000 commentaires, plus de trois quart de million de visites, quelques attaques de hackers et une lettre d'avocat de l'Institut économique de Montréal plus tard, nous avons toujours la même envie de débattre d'enjeux de société, dans une optique autre que celle à laquelle nous sommes majoritairement exposés[8].»

Nous reproduisons ici la discussion qui s'est engagée entre des utilisateurs et utilisatrices disperséEs et plus ou moins anonymes, à la suite de l'annonce du séminaire.

---

8. www.latribuduverbe.com/ archives/2006/10/cinquieme_anni-
    versaire_1.html, page vérifiée le 5 décembre 2006. Nous
    remercions Bob l'Aboyeur et les participantEs de la discussion
    pour avoir permis la reproduction des échanges.

Non seulement est-ce là un bel exemple des possibilités qu'offrent les technologies de l'information et de la communication pour l'échange d'idées et la construction du savoir, mais, en plus, la discussion reflète les préoccupations de gens qui se savent plongés dans une société de consommation qui réussit à récupérer presque toute initiative critique et qui, ainsi, offre très peu de voies de sortie. On y discute notamment d'armement écologique...

La consommation responsable est-elle au service du néolibéralisme?

Le développement durable est facile à définir: si votre arrière-grand-père et vos enfants restent des consommateurs fidèles de Nestlé, alors nous avons travaillé de façon durable. Et ceci est le cas de plus de 5 milliards de personnes dans le monde.

Peter Brabeck-Lemathe,
directeur général du groupe Nestlé

La notion de développement durable est en parfaite cohérence avec la raison d'être de Procter & Gamble: améliorer la qualité de la vie des consommateurs du monde entier grâce à nos produits et nos services afin de développer nos affaires et de faire ainsi prospérer nos employés, nos actionnaires et les communautés au sein desquelles nous opérons.

Site Internet de Procter & Gamble

Le développement durable, c'est tout d'abord produire plus d'énergie, plus de pétrole, plus de gaz, peut-être plus de charbon et de nucléaire, et certainement plus d'énergies renouvelables. Dans le même temps, il faut s'assurer que cela ne se fait pas au détriment de l'environnement.

Michel de Fabiani, président de BP France,
4e rencontres parlementaires sur l'énergie,
jeudi 11 octobre 2001

Depuis la Conférence de Rio en 1992, sur le développement durable, la notion de respect de l'environnement vient désormais s'ajouter à la conception de l'agriculture moderne. Ainsi, les agriculteurs français et ceux du monde entier doivent relever le défi d'une alimentation saine et abondante dans un environnement préservé. Les biotechnologies sont un des moyens parmi d'autres de résoudre les enjeux futurs de nos sociétés.

Monsanto

Par cette formule provocatrice, nous voulons engager une discussion critique sur les pratiques de consommation responsable afin de mieux comprendre son insertion dans l'économie actuelle et son potentiel de changement des relations sociales et économiques. Ainsi, nous nous demandons si la consommation responsable peut être considérée comme un acte politique et, si oui, quelle est sa portée. Nous nous demandons quelle place occupe la consommation responsable et le commerce éthique dans la régulation des rapports économiques actuels. Nous voulons explorer le potentiel de changement contenu dans ces nouvelles façons de faire du commerce et de consommer.

Commentaires reçus sur le site

J'ai personnellement toujours eu de la difficulté avec le slogan : «Acheter c'est voter», car cela faisait des élections une marchandise comme une autre, soumise à la loi de l'offre et de la demande.

Cela étant, la remise en question des pratiques sociales équitables, responsables, «éthiques», me semble insensée. Ainsi, pour répondre au titre de ce texte, une provocation comme il est indiqué, il me semble que non, elle n'est pas au service du néolibéralisme. Cela étant, le capitalisme a une capacité extraordinaire de récupération. Le contexte social des sociétés capitalistes fait en sorte que ces «nouveaux marchés» sont soit marginaux, soit de nouvelles niches pour les entrepreneurs capitalistes.

Néanmoins, il serait intéressant de mesurer les effets de la consommation équitable non seulement en termes de rendement économique, mais aussi en termes sociaux: pour les producteurs et pour les consommateurs qui se réveillent en buvant leur café, pour reprendre un slogan plus heureux de Laure Waridel.

Envoyé par Stalker le 25 septembre 2006 à 19 h 29

C'est d'ailleurs pourquoi je préfère dire: «Voter, c'est acheter!!!»

Envoyé par Martin Petit le 25 septembre 2006 à 22 h 06

Le choix individuel du consommateur dans la vie quotidienne est partie intégrante des libertés les plus élémentaires sur lesquelles est construit le libéralisme économique. L'émergence de l'individualité moderne est en partie conséquence de l'expansion permanente des choix offerts aux consommateurs dans le cadre du marché libre depuis les XVIIe et XVIIIe siècles.

La consommation «responsable» n'est ainsi qu'une extension de la logique d'émancipation individuelle permise par l'établissement du marché libre. Chaque individu consommant ce qu'il souhaite, ce qui est responsable pour l'un ne le sera pas pour l'autre. Cette pluralité est excellente et souhaitable. Je ne consomme pas de café équitable, mais que ceux qui le souhaitent puissent le faire.

Envoyé par Armand Bessette le 26 septembre 2006 à 10 h 30

Mon cher Stalker,

C'est justement le commentaire de Bessette qui me fait croire que la consommation responsable et éthique est au service du néo-libéralisme...

Envoyé par couac dinner le 26 septembre 2006 à 10 h 52

Et ça? Pris sur le site de Oxfam Canada[9]:

Introducing the Oxfam VISA card

Every so often, a really great idea comes along. One that is incredibly simple, yet has the power to effect enormous change. We'd like to tell you about one such idea: the Oxfam VISA card. A way to create positive change – without changing the way you use a credit card. Oxfam Canada has partnered with Citizens Bank of Canada to help raise money for the Oxfam projects that mean so much to impoverished people around the world. Quite simply, every time you use your Oxfam Visa card, Citizens Bank of Canada will donate $0,10 to Oxfam Canada. It's that easy. Now, $0,10 may not sound like much, but if you recognize that most of us use a credit card at least 15 times each month, you can see that the cumulative sum from thousands of Oxfam VISA cardholders and their individual transactions can add up very, very quickly. What's more, as soon as your application is approved, Citizens Bank will donate $20 to Oxfam.

Envoyé par couac dinner le 26 septembre 2006 à 12 h 23

Comme toi, Couac Dinner, je pense que le capitalisme marchand récupère pas mal tout.

---

9.   www.oxfam.ca/what-you-can-do/fundraise-for-oxfam/oxfam-visa, page consultée le 22 novembre 2006.

Ce week-end, dans *Le Devoir*, on parlait d'une entreprise qui projetait de fabriquer des bombes et munitions «écologiques», ce qui est une méchante aberration :

Il fallait y penser

BAE Systems, un des plus gros fabricants de munitions au monde, passe au vert, lit-on dans le Calgary Herald. À l'avenir, les bombes et les balles produites par cette entreprise ne contiendront qu'une quantité infime de produits toxiques et plus aucune trace de plomb. «Les armes seront utilisées, et puisqu'elles le seront, nous tentons de faire en sorte qu'elles soient aussi sécuritaires que possible pour l'utilisateur, de limiter les dommages collatéraux et d'atténuer les effets sur l'environnement», affirme une représentante de l'entreprise. On en rirait si ce n'était pas aussi triste et aussi cynique...

Manon Cornellier, «Triste semaine», dans Le Devoir,
23-24 septembre 2006, p. A6.

Cela dit, cesse-t-on d'être écologiste et de manger «responsable» parce qu'il y a des tarlas qui veulent fabriquer des bombes certifiées bio ? Arbitrer nos choix de consommation, il me semble que c'est bien. Mais bien entendu, ce n'est pas tout.

Envoyé par Stalker le 26 septembre 2006 à 18 h 01

Diantre, les assassinats équitables ou éthiques... Fallait y penser...

Hihihi, je meurs...

Envoyé par Martin Petit le 28 septembre 2006 à 18 h 39

Je suis heureuse de voir que je ne suis pas la seule à me poser la question. Souvent je suis déçue de voir que les courants «alternatifs» restent en marge. Alors on se retrouve avec des «ghettos» écolos. On peut habiter sur le Plateau-Mont-Royal, faire ses courses à pied, acheter ses graines de lin bio à la boutique «naturelle» au coin de la rue, fréquenter l'Éco-fest... Mais la société au complet fonctionne sur le mode néolibéral... Alors à quoi bon? Il me semble que les mouvements alternatifs sont toujours récupérés et quoi de plus déprimant que d'essayer d'aller acheter de la bouffe bio chez Costco alors qu'on ne peut pas aller chez Costco à pied ou en autobus? Il me semble que les mouvements qui font vraiment changer les choses sont ceux qui veulent faire changer le système en profondeur. Tant qu'on reste avec un système capitaliste, l'écologie n'a pas de sens puisque le système capitaliste n'est-il pas basé sur le gaspillage? Je me pose la question.

Envoyé par Marie le 03 octobre 2006 à 10 h 21

Je me pose les mêmes questions, Marie, mais que faire en attendant le grand soir? À Sainte-Martine, un petit village en Montérégie, grâce à des initiatives individuelles, on peut acheter des produits bio et équitables. Aussi, on achète de plus en plus chez le fermier. Oui, cela compte pour très peu mais que faire en attendant le grand soir? Se poser des questions? Pourquoi attendre? Pourquoi tout ou rien? C'est décourageant, mais il y a 15 ans étaient extrémistes ceux qui faisaient la promotion du recyclage. Certes, nous sommes toujours dans une société de consommation, mais les mentalités ont évolué, l'écologie n'est plus l'affaire que des écologistes les plus extrémistes.

Il me semble...

Envoyé par Stalker le 04 octobre 2006 à 09 h 31

Une chose qui est ressortie du séminaire c'est que le commerce équitable et toutes les initiatives de consommation responsable qui sont assez inscrites dans le modèle néolibéral (individu-roi, responsabilité individuelle, individualisation des actions, choix et liberté de consommation, etc.), bref, que tout cela pourrait être vu comme un moment transitoire entre une consommation de masse effrénée et quelque chose d'autre, un nouveau modèle qui est encore à penser et à mettre sur pied.

Envoyé par Couac Dinner le 04 octobre 2006 à 12 h 45

Merci du résumé.

J'insiste: loin de moi l'idée de vouloir taire la critique et la réflexion sur le «branding» équitable-bio-responsable-vert-etc., qui est très tendance. Très réducteur quant on regarde l'ampleur et la profondeur des enjeux. J'aime bien cette idée de transition: elle nous permet de concilier davantage théorie et action. D'être vigilant, mais sur le terrain.

Mes commentaires visaient et visent le titre qui m'apparaît polémique. On pourrait avoir la même discussion, avec un titre tout aussi polémique – j'y ai pensé plus tôt dans la discussion, mais je n'ai pas osé: – L'anarchisme est-il au service du néolibéralisme? À quand un colloque sur la question?

P.-S. En quoi le principe de «responsabilité» est-il lié à l'individu-roi? Nous n'avons pas tous les mêmes références philosophiques, je crois.

Envoyé par Stalker le 04 octobre 2006 à 14 h 31

Stalker, l'idée de responsabilisation de l'individu comme acteur central de l'avancement des sociétés est assez libérale: c'est par l'avancée des droits des individus qu'on arrive à une société juste. sauf que le libéralisme (au sens politique du terme) a besoin de l'État pour garantir ces droits. Le néolibéralisme, à mon sens, pousse la logique plus loin en exacerbant les droits individuels et en cherchant à réduire au maximum les droits et les revendications collectives (comme la revendication d'un peuple ou d'un groupe social, par exemple les chômeurs), disant que les groupes sociaux ne sont pas des unités pertinentes, que seuls sont pertinents les individus (parce que les groupes oppriment les individus). Alors, pour arriver au but:

nous sommes, chacun-ne, individu-e, responsable à la fois de ce que nous sommes, mais aussi de ce qui nous arrive et de ce qui nous arrivera : l'éthique sociale est celle d'un amalgame d'individus, plutôt que de groupes qui se donnent une identité. Ce qui rend possible un slogan comme « acheter, c'est voter », slogan individualiste par excellence, qui rejette les choix collectifs et affirme l'addition des individualités.

En tout cas, d'après la lecture que je fais du néolibéralisme dans sa conception de l'individu et des groupements sociaux (collectifs)… c'est sûr qu'on peut discuter (longtemps) de cette interprétation…

tchao tchao

Envoyé par Couac Dinner le 04 octobre 2006 à 16 h 18

Très très rapidement.

Je suis d'accord avec toi sur le fond. Si l'individu est au cœur du projet moderne, l'État l'est aussi !

Je suis d'accord avec ta critique du néolibéralisme, mais il me semble que ta critique du « commerce équitable » est à la fois juste (dans sa prétention), mais aussi tirée par les cheveux (au niveau pratique). Quand tu affirmes que le slogan « Acheter c'est voter » (que j'ai moi même critiqué plus haut) signifie « rejeter les choix collectifs », je ne suis pas sûr. Ce n'est pas nécessairement l'un ou l'autre, l'individu ou le collectif, mais peut-être les deux. Pour moi la dialectique individu-société peut nous mener plus loin. Doit nous mener plus loin.

Envoyé par Stalker le 04 octobre 2006 à 18 h 40

« Acheter, c'est voter ». Correct, si on présume que la majorité de ceux qui interpréteront ce slogan sont des imbéciles finis et qu'ils n'en retiendront, en finalité, qu'acheter beaucoup, beaucoup, c'est voter beaucoup, beaucoup, que l'économie, c'est la démocratie, elle est effectivement scandaleuse cette formule.

Mais, merde, «Acheter, c'est voter», ça veut aussi dire que nos choix de vie, donc de consommation, sont autant, sinon plus significatifs «démocratiquement» que le fait d'aller sporadiquement aux urnes.

On fait ce que l'on peut avec les moyens que l'on a. Il n'y a rien que j'aimerais plus que de vivre en autarcie, en anarchie, c'est la vie rêvée. On n'élaborera pas trop sur les raisons qui me retiennent en société, mais je ne vis pas ma vie rêvée. Prolo, 4 et demi, j'essaie, je tâte. Je simplifie volontairement, malgré mon éducation.

Je dois me loger, me nourrir, m'habiller. Je me vois mal (et j'ai pourtant beaucoup d'imagination) passer l'hiver avec les enfants dans un igloo de fortune ou une boîte de carton dans le stationnement d'un McDo, me nourrissant de mouettes, vêtu de peaux de marmottes et de mouffettes... Bien non, je travaille, je vote. J'achète des vêtements, de la bouffe, je vote. Je me transporte, je vote. Je paie les frais de scolarité de l'école gratuite obligatoire, je vote...

C'est toujours la recherche du moindre mal. Mouvement transitoire comme vous dites.

Envoyé par clint le 08 octobre 2006 à 19 h 45

Le terme [développement durable] est tellement large, mis à toutes les sauces, qu'à l'exemple de Monsieur Jourdain, tout le monde peut le revendiquer. Et puis, c'est vrai, c'est un concept à la mode. Tant dans le monde des entreprises que dans tout débat de société. Et alors? De tout temps, les marchands ont su récupérer les bons slogans.

Michel Edouard Leclerc
dans *Le Nouvel économiste*, 26 mars 2004.

Je ne dis pas que voter c'est acheter, je dis bien qu'acheter c'est voter [...] Nos choix de consommation ont des conséquences politiques. Chaque fois que nous choisissons de boire tel café plutôt que tel autre, de manger telles céréales ou tels fruits plutôt que tels autres, nous endossons la chaîne de production et de transformation des aliments, le système économique qui a été utilisé avant que le produit n'arrive dans notre assiette. Nous sommes en lien avec ceux qui cultivent, récoltent, transforment, emballent, transportent et vendent ce qui aboutit dans nos paniers. Nous avons donc un pouvoir et une responsabilité à l'égard de ces personnes. Certains me disent : « On est encore une fois en train de réduire le pouvoir du citoyen à un pouvoir de consommateur... » Ce n'est pas mon propos. Je dis, au contraire, que le geste politique n'a pas seulement lieu tous les quatre ans quand nous allons voter ! Nous devons reconsidérer le sens de l'engagement politique des citoyens.

Laure Waridel, dans « Une consommation responsable »,
Revue *Relations*, juin 2005.

Les horizons de la consommation responsable

SERGE MONGEAU
Auteur de *La simplicité volontaire, plus que jamais*[10]...

À L'ORIGINE, on m'a invité à discuter de «commerce équitable»; puis la formulation définitive de la rencontre s'est concrétisée sur le thème de la «consommation responsable». Et en fait il s'agit de concepts bien différents. Le commerce équitable peut être un critère de consommation responsable, mais ça n'est pas le seul. La consommation responsable embrasse des horizons beaucoup plus larges. Elle peut et doit aller, dans beaucoup de cas, jusqu'à la non-consommation. C'est d'ailleurs l'un des fondements de la simplicité volontaire de comprendre que toute consommation inutile (qui ne contribue pas à l'épanouissement de la personne) est une consommation irresponsable. En effet, comme nous l'apprennent Wackernagel et Rees par leurs études sur l'empreinte écologique[11],

---

10. Montréal, Éditions Écosociété, 1998.
11. Dans *Notre empreinte écologique*, Montréal, Éditions Écosociété, 1999.

1) les humains consomment déjà plus que la capacité de la planète d'une part de fournir des ressources de façon durable (ce qui signifie que nous sommes en train d'entamer notre capital social), d'autre part de pouvoir métaboliser les déchets et les pollutions issus de nos diverses consommations;

2) les 20 % de la population mondiale que constituent les habitants des pays industrialisés consomment actuellement 80 % des ressources;

3) si tout le monde consommait comme nous, Américains du Nord, nous aurions besoin de 5 ou 6 Terres, alors que nous n'en avons qu'une seule d'accessible.

Or, nous devons constater qu'avec la diffusion mondiale des images de l'Amérique par le cinéma et la télévision, partout l'on sait comment nous vivons et partout l'on voudrait consommer comme nous. Or c'est impossible. Et nous ne pouvons dire aux habitants du tiers-monde de diminuer leur consommation: la plupart d'entre eux ne répondent même pas à leurs besoins fondamentaux. C'est donc à nous d'ajuster notre consommation aux possibilités de la Terre. Donc, une consommation responsable, aujourd'hui et dans nos pays industrialisés, ne peut être qu'une consommation réduite. Et de ce fait, elle n'est certainement pas au service du néolibéralisme, qui constamment essaie de pousser l'économie à la hausse; et une économie en croissance signifie plus de production et plus de consommation.

La consommation responsable est d'abord un geste individuel; cependant, elle peut être facilitée par des actions collectives, par exemple la diffusion d'une bonne information. Et si les gestes individuels se multiplient et sont adoptés par plus de gens, on parvient à influer sur l'organisation sociale, qui doit alors répondre à la demande manifestée par plus de consommateurs ; c'est dans cet esprit qu'on dit qu'« acheter, c'est voter ».

Pour sa part, le commerce équitable requiert une organisation collective qui certes repose sur la demande d'une certaine quantité d'acheteurs et qui peut se développer grâce à la multiplication de ces acheteurs, mais qui en même temps peut être récupérée par des acteurs néolibéraux :

- certains maillons de la chaîne commerciale échappent au contrôle des organismes de certification et peuvent ne pas être équitables (le transport, la vente au détail, etc.) ;

- le fait pour certains commerces de vendre des produits équitables peut leur servir de blanchiment (que Wal-Mart vende du café équitable n'en fait quand même pas une entreprise acceptable) ;

- le commerce équitable devient une autre source de profit pour des entreprises inéquitables : « les gens en veulent, donnons-leur en ». Ce n'est pas l'entreprise qui paie davantage pour le produit, mais le consommateur.

Faut-il alors condamner le commerce équitable ? Non, ce type de commerce est certainement utile à beaucoup de personnes et de collectivités du tiers-monde. Mais encore faut-il le faire dans des conditions acceptables. J'en ai identifié quatre, mais il y en a certainement d'autres :

1) Le commerce doit porter sur des articles qui ne peuvent être produits localement, ici par exemple le café, le chocolat. Peut-on en effet concevoir un grille-pain équitable qui serait produit dans le tiers-monde? Pensons à l'environnement (le transport que cela implique), à notre économie locale, qui perd de plus en plus d'emplois, à la pollution qu'on exporte (toute production industrielle amène une certaine dose de pollution; si nous décidons de consommer des produits polluants, à nous d'en porter le poids).

2) La vente des produits équitables devrait se faire dans des boutiques et par des organismes équitables (où l'on s'assure que les employés jouissent de conditions de travail convenables, dont les profits sont utilisés pour des causes valables, etc.).

3) Il faut éliminer les intermédiaires qui ne sont pas équitables et qui fonctionnent de manière inacceptable.

4) Il faut favoriser les liens directs entre organismes d'ici et coop locales dans le tiers-monde, en veillant à conserver une petite taille aux organismes de part et d'autres; une trop grande croissance mène à une perte de contrôle de la part des gens qui travaillent dans ces entreprises.

En somme, il m'apparaît que la consommation responsable, dont fait partie intégrante le commerce équitable, peut être un instrument parmi d'autres de lutte contre le néolibéralisme et qu'on devrait travailler à le développer d'abord par la diffusion d'une information qui permette aux consommateurs de faire des choix éclairés, et ensuite en multipliant les initiatives qui permettent d'offrir des biens et des services socialement et écologiquement adéquats.

Déjà, à travers différents mouvements de consommation responsable, on voit une certaine nécessité de se regrouper afin, justement, de rendre l'action individuelle un peu plus collective. Dès le moment où il y a échanges, débats, partage d'informations et de connaissances, une partie des limites de la consommation responsable se lève déjà. Mais c'est le besoin d'un véritable projet de société qui semble le plus criant pour faire face aux grands enjeux sociaux et environnementaux du moment. Or, un projet de société ne se construit pas sur des comportements individuels, il demande une participation politique des individus à la société. Sans projet de société, il y a lieu de croire que les actions de chacun pourraient s'annuler plutôt que s'additionner, ou encore s'additionner pour donner un résultat bien différent de celui qu'on avait pourtant en tête en agissant. Ce n'est d'ailleurs qu'à travers un projet de société qu'on peut créer un environnement facilitant pour la consommation responsable elle-même.

Est-ce à dire qu'on devrait rejeter la consommation responsable ? Cette dernière demeure au contraire très pertinente… du moment où elle sert aux individus de porte d'entrée vers le collectif et non de repli individualiste, et surtout, du moment où chacun sait jeter sur elle un regard critique.

> Lysiane Roch, « Lorsque responsabilité individuelle croise responsabilité collective », dans *Oeconomia Humana,* bulletin de la Chaire de responsabilité sociale et de développement durable, UQÀM, septembre 2006.

Consommation responsable et engagement politique

JULIE JACQUES
Doctorante en sociologie, Université du Québec à Montréal

SUR LA BASE DE RÉSULTATS préliminaires de recherche sur la consommation responsable[12], je vais essayer de répondre aux questions qui m'ont été soumises. J'ai effectué une trentaine d'entrevues auprès de consommateurs de produits biologiques et équitables de la grande région de Montréal, âgés entre 18 et 30 ans. Ces gens-là ont été recrutés par voie d'affichage en certains lieux stratégiques, c'est-à-dire

---

12. La recherche en question constitue ma thèse de doctorat en sociologie, laquelle s'intitule «La consommation responsable chez les jeunes. Une forme d'engagement politique?». Ce travail n'est pas terminé; son dépôt est prévu à l'automne 2007. Elle constitue aussi un volet de la recherche en cours de A. Quéniart (CRSH 2004-2007) sur *l'engagement politique des jeunes à travers l'analyse du militantisme associatif et des mobilisations spontanées* et où il est ressorti que les jeunes se disent engagés moins par le biais de collectifs politiques organisés que sur un mode individuel, comme la participation à des manifestations, la signature de pétitions, les boycotts de produits ou encore les achats équitables ou favorisant l'économie locale. Ma thèse s'inscrit donc dans la réflexion sur les formes de l'engagement contemporain.

là où il était possible de trouver de tels consommateurs, à savoir des commerces spécialisés dans l'offre de produits biologiques, des restaurants offrant du café équitable et des commerces de produits écologiques. Une annonce a aussi été placée dans le journal hebdomadaire d'une ferme offrant des paniers biologiques dans le cadre du programme d'Équiterre. Grâce à cette recherche, je voulais connaître les motivations de ces jeunes consommateurs, le sens de leurs pratiques et comment ils se représentent la portée de leurs gestes. Je voulais aussi savoir si la consommation de produits biologiques et équitables était ou non considérée comme un geste d'engagement politique, et s'ils s'engageaient d'autres façons. Comme le champ de la consommation responsable est large, j'ai choisi de me limiter à l'équitable et au biologique, deux formes qui prennent de plus en plus d'importance, notamment en parts de marché, et qui sont plus accessibles pour les jeunes, que la finance éthique, par exemple.

Cela m'amène à la question: la consommation responsable est-elle au service du néolibéralisme? La question mérite certainement d'être posée et on peut y répondre par oui et non. Je dirais qu'une bonne partie des jeunes interrogés sont conscients qu'il y a récupération politique de la part des grands géants de l'alimentation et de la restauration. Acheter un produit équitable ou biologique produit par une multinationale ou vendu dans une grande chaîne de supermarchés constitue pour plusieurs une aberration, car ils souhaiteraient autant que possible ne pas donner leur argent aux «représentants du capitalisme sauvage», de façon à ne pas encourager un système qu'ils désapprouvent. Les exemples souvent cités à cet égard sont la présence de café équitable chez McDo, la volonté de Wal-Mart de se doter d'une certification biologique, la disponibilité de l'équitable et du bio chez Costco ou Loblaw's, etc. D'autres considèrent plutôt que d'acheter du café équitable chez Métro, par exemple, fait passer le message qu'il existe une demande croissante pour ce type de produits, et qu'en fin de compte cela contribue à la popularisation et à l'essor d'une forme alternative de consommation. Je sais que la présence de produits équitables dans le marché de la grande distribution suscite un grand débat en Europe, mais je ne veux pas m'étendre sur le sujet.

Signalons que plusieurs jeunes reçoivent directement leur panier bio du fermier, et dans ce cas, on ne peut dire que cette forme de consommation soit au service du néolibéralisme. Il s'agit alors d'une relation d'échange avec des fermiers qui deviennent des partenaires et dans laquelle il y a création de solidarité.

Pour répondre à une autre des questions qui m'ont été adressées, oui la consommation responsable peut être considérée comme un acte politique, et c'est d'ailleurs pour beaucoup de personnes le sens qu'elles lui donnent. Plusieurs estiment que consommer est assurément un choix politique, puisque cela *dit* quelque chose ; c'est, disent les répondants, « le pouvoir du porte-monnaie », soulignant ainsi le rapport étroit entre pouvoir économique et pouvoir politique. Autrement dit, le pouvoir d'agir dans ce cas est d'abord individuel, privé, mais les jeunes y voient une dimension collective certaine car ils ont conscience des impacts ou des conséquences de leurs choix sur les travailleurs, la planète, etc.

Fait à noter, pour plusieurs répondants, prendre ses distances en autant que possible par rapport à la société de consommation est très important. En effet, les valeurs qui guident leurs gestes sont essentiellement basées sur l'idée de consommer à la fois mieux et moins, corollaire du besoin ressenti de ne pas encourager un système qui repose sur une production toujours croissante et sur la surconsommation. D'ailleurs, certains ont associé la consommation responsable à la capacité de résister aux pressions de la publicité, du marketing, du «branding»; la capacité de s'éloigner un peu de la société de consommation, en quelque sorte. C'est justement pour cela que je trouve ambigu le terme de consommation responsable, parce que pour certains, la façon d'être responsable, c'est justement de ne pas consommer ou de réduire sa consommation, par exemple en achetant des trucs dans le circuit de l'usagé ou du recyclé.

Certains consomment d'abord bio pour leur santé, pour le goût différent, pour la plus grande valeur nutritive des aliments, etc. Mais à part les cas assez peu fréquents de personnes uniquement intéressées par les bénéfices personnels qu'ils peuvent tirer de leur geste, il faut noter que les préoccupations environnementales, humanitaires et politiques sont présentes dans à peu près tous les discours et souvent dans les pratiques. Il y a une volonté de regarder au-delà du produit en lui-même. En effet, autant la consommation bio qu'équitable s'apparentent, pour les gens, à un geste de solidarité ou d'humanité. Ils accordent une importance particulière aux producteurs ou aux personnes impliquées dans la production ou la vente d'un bien. Ils sont imprégnés de valeurs de solidarité et de respect envers les producteurs du Sud mais également envers les producteurs locaux. C'est particulièrement le cas des consommateurs qui privilégient les produits équitables et de ceux qui reçoivent des paniers bio directement des producteurs.

C'est pour ces raisons entre autres que le lieu d'achat n'est pas laissé au hasard et que la priorité à l'achat local revient comme un leitmotiv.

Outre les qualités du produit acheté, plusieurs consommateurs vont aussi, et dans certains cas d'abord et avant tout, rechercher des commerces qui correspondent à leurs valeurs. Les gens et les lieux où se déroule l'expérience d'achat semblent tout aussi importants que les produits eux-mêmes. Pour ces consommateurs, les qualificatifs biologique et équitable ne sont pas ce qui importe uniquement : d'autres critères entrent en jeu, notamment la fonction du commerce, son indépendance face aux géants de l'alimentation, la façon dont il est possible de faire son marché, la relation possible avec les employés, et la possibilité de connaître les valeurs du commerçant. Certains refusent même d'encourager des commerces qui ne sont accessibles que par voiture, par volonté de donner la priorité aux autres qui ne renforcent pas le besoin d'automobile. On peut constater que certains consommateurs semblent tenir à l'idée d'une relation marchande où l'achat d'un produit encouragera le petit, l'artisan, plutôt que le plus gros, le « capitaliste ». D'ailleurs plusieurs expriment la volonté d'une relation marchande différente, de proximité, sans intermédiaire. Donc, les jeunes restent dans le « marché », mais ne participent pas à n'importe laquelle de ses formes. Cela est cohérent avec leur discours critique face aux multinationales, par exemple, et avec cette idée que quand c'est produit par un trop gros, trop loin, il y a des informations qui se perdent, une qualité qui se perd. Finalement, la nette préférence pour des commerçants locaux s'explique par le fait que l'on ne fait pas qu'acheter un produit, *on achète aussi une vision du monde.*

La philosophie derrière l'entreprise est donc tout aussi importante et peut-être même davantage que le produit lui-même. En outre, plusieurs misent sur la confiance avec le commerçant ou le producteur, et dans certains cas le contact humain peut être un gage de confiance équivalent ou supérieur à la certification. En effet, malgré le fait que l'un des critères d'achat de produits biologiques ou équitables soit la présence d'un sceau de certification, ils n'hésitent pas à acheter des produits qui ne sont pas certifiés par un organisme, se fiant alors à la parole du commerçant ou du fermier. Autrement dit, certains accordent leur confiance à un commerçant pour des produits sans certification, parce qu'il y a une relation particulière. À cet égard, des consommateurs qui reçoivent des paniers biologiques ont souligné la création d'un lien social avec le producteur; le panier répond certes à leurs besoins en termes d'aliments biologiques, mais plus encore, il est associé à de la solidarité dans la relation marchande. Ils encouragent ainsi directement un producteur plutôt que des intermédiaires, comme c'est le cas dans les épiceries, et ils favorisent les emplois locaux.

Enfin, il faut mentionner que la consommation bio et équitable est aussi une façon de poser un geste écologique, et pas seulement en termes de refus de pesticides, herbicides et autres produits chimiques ou des OGM, mais souvent en termes de pollution liée au transport. Par conséquent, l'achat local, avec ou sans certification, est parfois ce qui va primer, et on constate même chez certains le refus de manger des produits importés, ce qui peut mener à la décision de manger selon les disponibilités saisonnières. Certains jeunes qui étaient convaincus des bienfaits du café équitable ont même décidé, après mûre réflexion, de ne plus boire de café du tout, de façon à éviter de faire voyager un produit et à ne pas encourager un type de rapports de dépendance Nord-Sud.

Autre question, qu'en est-il du potentiel de changement que présentent ces façons de faire? Je répondrai en mentionnant un aspect tout à fait intéressant de la recherche. C'est que, pour la majorité des répondants, la consommation biologique et équitable suscite une réflexion qui va souvent mener plus loin, allant même, dans certains cas, jusqu'à une remise en question de la consommation en tant que telle. En effet, plusieurs ont témoigné de leur évolution « depuis les débuts » en termes de valeurs et de pratiques, lesquelles se sont précisées et renforcées pour mener à un mode de vie radicalement différent, souvent, il faut bien le dire, à l'opposé du modèle dominant.

En effet, la recherche d'informations entraîne des changements sur le plan des représentations concernant le marché, les multinationales, l'économie, la mondialisation, le rôle du consommateur, etc. Parallèlement, il y a des valeurs différentes qui s'installent ou encore qui se renforcent, des pratiques qui changent. C'est dans ce sens-là que certains ont parlé de leur passage de consommateur à « consomm'acteur », d'une consommation passive à une consommation active. Je pense donc qu'il peut y avoir dans la consommation responsable un potentiel de changement, ne serait-ce que par l'importance que les consommateurs accordent à leur responsabilité individuelle par rapport au bien-être collectif, leur conviction qu'ils sont responsables de tout ce qu'ils achètent et qu'ils peuvent poser le « bon » geste.

Plusieurs notent que la consommation responsable implique de chercher de l'information pour voir et comprendre ce qui se cache derrière une entreprise, un produit, etc. C'est quand même fascinant de voir qu'il y a des gens qui se donnent la peine d'aller chercher ces informations-là parfois même sur le terrain, par des visites de fermes ou d'entreprises. Comme le dit l'une des répondantes, «c'est se poser certaines questions: Comment est produit ce que tu achètes? Où est-ce qu'il a été fait? Dans quelles conditions? Comment il a été acheminé? Comment est-ce qu'il est emballé? Comment est-ce qu'il est vendu? Puis, toi, comment tu l'achètes? Donc, c'est une liste de questions qui couvrent d'un bout à l'autre de la chaîne.» Et en fonction des réponses à ces questions, il s'agit de voir ce qui est le plus responsable: «C'est quoi le plus écologique? Est-ce que cette entreprise a respecté les hommes et les femmes qui ont travaillé à fabriquer cet objet?»

Dans le même esprit, plusieurs ont parlé de la responsabilité d'évaluer ses besoins réels, dans un souci de réduction de la (sur)consommation. L'une dit: «Quand tu achètes quelque chose, demandes-toi donc si tu en as de besoin.» Et une autre de préciser: «Il s'agit d'arrêter d'acheter des affaires dont on n'a pas besoin, puis de trouver une satisfaction ailleurs que dans l'achat spontané et presque frénétique». Enfin, une dernière dira: «Les trois quarts du temps je remets l'objet sur les tablettes parce que je n'en ai pas vraiment besoin, peu importe s'il est fait ici ou s'il est bio ou équitable... Imagine si tous les produits restaient sur les tablettes parce que les gens se posaient cette question-là au départ.»

En proposant qu'«acheter, c'est voter», la consommation responsable contribue-t-elle à la transformation de l'idéal démocratique? Ce slogan, je l'ai entendu très souvent, de même que le nom de Laure Waridel, ce qui veut quand même dire que l'impact des messages ou des groupes militants est bien réel. D'ailleurs la plupart des répondants reconnaissent que les groupes militants comme Équiterre, Greenpeace et autres, peuvent éveiller les consciences et jouer un rôle important dans la diffusion de l'information. Au bout du compte, plusieurs ont le sentiment que ce sont quand même les citoyens, au quotidien, sans obligatoirement s'associer, qui, par leurs pratiques individuelles, peuvent faire changer les choses ; selon plusieurs, l'engagement invisible ou silencieux, au quotidien, sans confrontation, pourrait avoir plus d'impact qu'une action spectaculaire faite par un groupe. C'est intéressant de le noter puisque plusieurs anciens « militants » ont maintenant choisi de s'engager d'une façon individuelle, et non plus dans des groupes, par de petits gestes quotidiens, dont la consommation de produits biologiques et équitables, certes, mais aussi par une multitude d'autres gestes à caractère « responsable », tels le recyclage, le compostage, la réduction de l'utilisation de l'automobile, l'achat de produits usagés, de produits « verts », etc. C'est ainsi qu'après avoir tenté de faire changer les choses comme militants au sein de groupes, d'associations ou de partis politiques, certains préfèrent une façon de faire plus discrète. Ces gens, bien qu'ils ne soient plus militants au sens traditionnel du terme, estiment tout de même être toujours engagés, du fait qu'ils continuent d'influencer, de faire passer des messages dans leur entourage, en donnant l'exemple par leurs gestes et par leur discours.

Cette conception d'un engagement qui repose en bonne partie sur des gestes individuels, au quotidien, de l'ordre de « acheter c'est voter », ne fait cependant pas l'unanimité : il y a aussi parmi les répondants des individus pour qui les gestes individuels sont importants, certes, mais néanmoins insuffisants. En fait, pour eux, il y a une limite évidente à la consommation responsable quand les gestes individuels ne sont pas supportés par une politique et/ou renforcés par l'action de groupes militants ; l'engagement dans la consommation doit donc s'accompagner d'une participation à des groupes, qu'ils soient organisés à l'image des partis politiques ou plus informels, décentralisés et horizontaux, à l'image de la mouvance altermondialiste.

Enfin, plusieurs répondants ont affirmé que l'engagement doit d'abord être personnel, se réaliser par des gestes concrets dans la vie privée, avant de pouvoir s'exprimer au niveau collectif. Autrement dit, il y a une quête de cohérence entre les deux niveaux d'engagement. Dans ce même ordre d'idée, certains ont même avancé l'idée d'un engagement qui se ferait en deux temps : la consommation responsable pourrait être une première étape, laquelle serait suivie d'une implication dans un organisme.

Pour conclure, je dirai que l'étude de la consommation responsable dans une de ses dimensions précises, soit la consommation de produits biologiques et équitables, révèle que pour une majorité de répondants, les pratiques dépassent souvent les frontières de la consommation en tant que telle. C'est particulièrement étonnant et révélateur chez les jeunes, à qui l'on reproche souvent d'être accros aux gadgets, à la société de consommation. D'ailleurs, je me demande si l'utilisation du terme « consommation responsable » convient vraiment pour ceux qui se caractérisent par leur préoccupation de réduire, de réutiliser, de n'être que dans le circuit de l'usagé ou du recyclé, de faire soi-même, de récupérer dans les poubelles, etc. Leurs motivations semblent être moins celles de « consommateurs » que de citoyens, peut-être. Et plutôt que de témoigner de « nouvelles » façons de consommer, leurs comportements semblent mettre en lumière une aspiration grandissante à « vivre autrement ».

De la consommation responsable à une économie inclusive

PATRICE RODRIGUEZ
Parole d'excluEs[13]

PRÉTENDRE RÉPONDRE EN QUELQUES MINUTES à la question posée dans ce séminaire représente un défi de taille. Pour ma part, n'étant pas un spécialiste de cette question, mon exposé reposera sur ma pratique sociale, d'abord comme militant ouvrier dans les années 1970, puis dans les 25 dernières années, une pratique liée à la lutte contre l'exclusion sociale et économique.

Pourquoi remonter si loin en arrière ? Parce que déjà ce genre de débat avait lieu, du moins dans certains milieux. Sauf qu'à l'époque on n'employait ni le terme de consommation responsable, ni celui de néolibéralisme. Par exemple, il y avait ceux qui prônaient d'acheter québécois comme moyen de renforcer l'économie québécoise et son indépendance et ceux qui ne voyaient là que le moyen de contribuer au développement d'une élite, tout aussi capitaliste et individualiste que celle, états-unienne ou canadienne, qu'elle prétendait combattre. Autrement dit, remplacer un groupe de capitalistes «étrangers» par un groupe de capitalistes

13. Voir www.parole-dexclus.qc.ca.

« nationaux » ne changerait en rien la nature du problème qui était le capitalisme lui-même.

En lisant le titre provoquant que le CEPS a donné à cette discussion, je me suis demandé si l'on aurait pu la provoquer autrement, comme « Quel est le projet visé par la consommation responsable ? » En fait, le débat soulevé aujourd'hui pourrait et devrait s'élargir à d'autres mouvements et pratiques apparus lors des dernières décennies au sein de la société civile, comme l'économie sociale ou l'insertion socioprofessionnelle ou dans des institutions plus anciennes comme les syndicats. Chacune de ces initiatives peut s'intégrer dans la logique néolibérale ou être porteuse de mutations profondes.

Le thème de cette discussion me rappelle une anecdote que m'a racontée un vieux militant brésilien : lors d'une assemblée syndicale de la CUT, la Confédération unique des travailleurs du Brésil, où un délégué syndical défendait une proposition faite par l'entreprise au syndicat. Il s'agissait, pour démontrer la responsabilité sociale de l'entreprise, d'inscrire sur les étiquettes de leurs produits une formule du genre « Produit non fabriqué par des enfants », proposition qui divisait les militants syndicaux. Au cours du débat, l'un des opposants a fait la contre-proposition suivante : « Je suis d'accord avec la proposition si on la formule de la façon suivante : "Produit non fabriqué par des enfants, seulement par leurs parents qu'on exploite." »

Au cours des 30 dernières années, le développement de l'économie québécoise s'est poursuivi, favorisant la consolidation d'une élite économique, généralement blanche et francophone, pas assez féminine aux dires de plusieurs, et largement portée par le souffle de l'idéologie néolibérale (ex. : globalisation, désengagement de l'État, glorification des valeurs et du mode de vie individualistes, etc.), par l'organisation de l'infrastructure étatique (ex.: la Caisse de dépôt ou la Société générale de financement), par des législations (ex.: lois fiscales, réforme de l'assurance chômage, de l'aide sociale, etc.) ou encore par des accords économiques fondamentaux (ex.: ALENA). Et cette économie cohabite somme toute très bien avec les Wal-Mart de ce monde, qui nous vantent leur politique d'achat local.

C'est dans ce contexte nouveau que nous sommes confrontés à des questions comme la consommation responsable. Sauf qu'il ne s'agit plus aujourd'hui de savoir quel groupe social ou quels intérêts économiques nous devons renforcer au Québec. Nous sommes plutôt interpellés par des rapports économiques et politiques mondiaux, donc complexes.

Il faut d'abord rappeler que durant ces mêmes années, le ou les projets politiques de remplacement du capitalisme – et non d'aménagement du système – ont à peu près disparu du paysage québécois ainsi que des pays industrialisés. Je parle bien des pays industrialisés, alors qu'ailleurs des alternatives politiques se dessinent ces dernières années, particulièrement en Amérique latine. Ce vide politique a été en partie comblé par la montée de luttes sectorielles, portées essentiellement par des ONG, par exemple pour la défense de l'environnement, l'agriculture biologique, les droits des minorités, la consommation éthique, la pauvreté et l'exclusion, les femmes, etc.

Et dans la vie de tous les jours, nous sommes interpellés par le biais de différents canaux, en tant qu'individus, à appuyer l'une ou l'autre de ces causes, comme individus et comme consommateurs: j'achète du café équitable pour soutenir les coopératives du Mexique ou du Guatemala, je ne porte pas des vêtements Gap dont les sous-traitants font travailler des enfants dans le tiers-monde, je recherche des produits bio sur les tablettes des magasins locaux, je ne consomme qu'après avoir réfléchi à mon besoin réel, etc. Bref, je suis un individu responsable qui s'informe et réfléchit avant de consommer. Et l'on m'explique que mes choix éclairés, ajoutés à ceux des autres individus consommateurs, vont faire la différence et changer enfin les choses, là où l'action politique collective n'a pas réussi.

Reste que l'économie est un système cohérent, et surtout collectif, dont la consommation est seulement l'un des maillons. Il n'y a pas d'économie sans développement de la demande, organisation de la production, accumulation de la richesse produite, système de mise en marché, répartition ou non de cette richesse et éventuellement de son réinvestissement, etc. Et pour que tout cela fonctionne et dure, il faut des lois et des tribunaux pour les appliquer, des corps policiers pour interpeller ceux qui ne s'y conforment pas et des messagers pour communiquer la bonne information.

Là où l'activité économique nécessite une multitude de savoirs et d'actions collectives, le discours dominant repose exclusivement sur les droits et les choix individuels. En un certain sens, les alternatives de consommation responsable font de même. Et quand on envisage le collectif, il est souvent présenté comme la somme d'actions individuelles. En fait, les changements proposés par la plupart de ces initiatives reposent sur deux constantes : d'un côté des choix économiques moraux individuels, d'un autre côté, la somme d'individus informés et responsables dans leurs prises de décision économiques. Mais vers quel projet économique et politique nous mène la somme de ces individualités ? Car toute pratique économique se prolonge dans une action politique, avouée ou cachée, consciente ou intuitive.

Pour que la consommation responsable conduise à des changements profonds, ne devrait-elle pas être porteuse d'un projet économique et social rassembleur ? Porteuse de mutations profondes des structures où les déshérités de la mondialisation trouvent leur compte ? Et pour qu'ils se reconnaissent dans ces changements, ne faut-il pas les rejoindre d'abord par l'exercice d'une citoyenneté qui les englobe, notamment par la reconnaissance effective de leurs droits fondamentaux, qu'ils soient individuels ou collectifs ?

Je parlerai donc de deux visions de la consommation responsable ; l'une, qui se définit en soi, contribuant au maintien du statu quo, et l'autre, qui agit comme instrument de transformation vers un projet collectif et solidaire.

Outre le fait que la consommation responsable en soi aborde l'économie de façon partielle, il faut également constater son impact marginal, sans compter le formidable pouvoir de récupération des forces du marché. Vous avez sûrement remarqué l'apparition des produits étiquetés bio et équitables dans les grandes chaînes de supermarchés. Leurs dirigeants auraient-ils enfin compris, les actionnaires se seraient-ils enfin convertis au « bien commun » ? En attendant, les employés du Wal-Mart de Jonquière sont au chômage… Apparemment, leur droit à s'organiser collectivement ne fait pas le poids contre le droit individuel du propriétaire d'ouvrir et de fermer boutique quand et comme bon lui semble.

Quand je dois faire des choix de consommateur responsable, je suis toujours aux prises avec des contradictions déchirantes qui me forcent à hiérarchiser mes critères d'achat: des bleuets locaux non bio ou des bleuets bio importés des États-Unis? Des vêtements moins chers fabriqués par des enfants en Asie ou par des adultes au Canada dans des ateliers de misère? Vous avez certainement toutes et tous été aux prises avec ce genre de dilemme.

Alors, pour répondre à la question du jour, faut-il rejeter toutes ces idées et ces projets de commerce équitable, de responsabilité sociale des entreprises, d'investissement éthique, qui se veulent des pratiques citoyennes et alternatives comme servant, dans les faits, le nouveau visage d'un néolibéralisme moralement acceptable? Et du même coup balayer du revers de la main les gains que l'on peut réaliser par ces actions? Comme par exemple pousser des entreprises à adopter des normes de travail minimales dans les pays du tiers-monde où elles emploient des sous-traitants? Ou encore faut-il clouer au pilori ces milliers de militantes et de militants sincères qui œuvrent pour un changement profond et durable de nos sociétés? Ce serait non seulement arrogant, mais contreproductif.

Au contraire, je crois qu'il faut amorcer une réflexion plus large sur le sens et la finalité à donner à la consommation responsable. Voici donc quelques propositions concrètes en ce sens, pour aller plus loin dans le débat et l'action:

1. D'abord, affirmer que l'économie doit changer, qu'elle doit être au service de toutes et de tous, qu'elle doit être inclusive, soutenable, juste et solidaire. Que cela doit commencer aujourd'hui dans nos pratiques et être relayé dans des politiques publiques.

2. Ensuite, favoriser les prises de parole et la diffusion d'expériences concrètes allant en ce sens.

3. Améliorer notre compréhension de l'économie et nous conscientiser aux alternatives existantes et possibles. Cela veut dire aussi déconstruire les conceptions aliénantes que nous avons intégrées (par exemple, l'idée que l'économie telle qu'elle est pratiquée est une science neutre et universelle).

4. Développer des projets à caractère économique sociaux ou culturels favorisant des prises en charge collectives afin de construire des alternatives qui soient à la fois inclusives, mobilisatrices et porteuses de transformations structurelles. Cela permet de développer des réponses dans la réalité et de bâtir un savoir-faire différent.

5. Expérimenter et transférer les connaissances issues des pratiques alternatives. Par exemple, au lieu de reproduire les mêmes logiques de concurrence sur des créneaux de marchés avec des produits spécifiques (café, thé, chocolat, etc.), construire des logiques de réseaux solidaires qui intègrent en un tout cohérent les valeurs économiques et démocratiques que nous promouvons, et ce, à toutes les étapes de la chaîne économique : conception, production, distribution, réinvestissement, répartition de la richesse, mise en marché, etc.

6. Cela veut aussi dire, travailler à des politiques publiques de développement économique et social cohérentes avec ces valeurs, qui reconnaissent dans les faits les droits collectifs et visent clairement à

réduire les écarts entre riches et pauvres au lieu de les creuser comme c'est le cas présentement.

En fait, la question débattue aujourd'hui en soulève deux autres : à quelles conditions des mouvements comme la consommation responsable peuvent-ils constituer un pas vers un nouveau projet de société ?

Et en quoi un tel projet de société permettra-t-il de répondre aux aspirations portées non seulement par ces mouvements mais par cette partie toujours plus grande de la population mise au rancart de la mondialisation ?

En terminant, je citerai Sœur Lurdes Dill, la coordonnatrice du Projeto Esperanca Coesperanca au Brésil, qui dit, dans *Parole d'excluEs*, le documentaire que j'ai réalisé l'an dernier au Brésil, en Argentine et au Québec :

Nous ne voulons pas disputer vos richesses, mais nous ne nous contenterons pas de vos miettes. Nous voulons qu'une autre économie survienne, qui soit solidaire, qui soit inclusive et qui soit pour tous.

Débat et discussions

VOICI UNE SÉLECTION des interventions faites lors de la discussion qui a suivi les trois présentations. Nous nous sommes permis de modifier légèrement les interventions afin de rendre le texte plus fluide. Certaines personnes ne se sont malheureusement pas nommées.

Marco

Moi, ce qui me dérange le plus, c'est que la consommation responsable ne change pas la vision de l'individu. Cet individu, au Nord, vit dans un système néolibéral avec tous les choix possibles, et il organise sa vie en fonction de ce qu'il conçoit être le mieux pour lui. Et alors, la consommation responsable devient une vision philanthropique parce que là on se donne un vernis, on diminue ses contradictions en achetant équitable. On dort mieux la nuit. Moi, je dors mieux la nuit, mais je continue à être un individu néolibéral qui fait ses propres choix. Un autre exemple : la mode. On commence à parler de mode équitable. Mais ça reste quand même que vous entrez dans une boutique, vous choisissez ce que vous voulez, vous définissez votre personnalité par votre vêtement. C'est tout à fait dans l'idéologie de la consommation de masse. Je m'interroge, mais... je continue d'acheter équitable moi aussi.

Yanick

Ma question s'adresse à Julie, sur tes résultats de recherche. Tu as dit que les gens privilégiaient le local sur le bio, mais est-ce que c'est un achat local chauvin ou un achat local écologique?

Julie

Je dirais que les préoccupations varient un petit peu avec l'âge. C'est-à-dire que plus tu avances en âge, plus c'est des préoccupations par rapport à l'emploi qui vont être importantes. Chez les moins de 30 ans, c'est vraiment dans la perspective de diminuer la pollution qu'on favorise l'achat local, dans un petit commerce plutôt que dans une grosse chaîne.

Serge

Je pense qu'il faut qu'on soit conscient que dans notre monde, tout est récupérable, et tout est récupéré. Il faut faire attention parce qu'effectivement même les meilleures intentions, on trouve toujours le moyen de finalement les détourner. Et moi je retiens de la présentation de Julie qu'il y a beaucoup de gens qui, à partir du moment où ils ont commencé, sont allés beaucoup plus loin. Ils ont commencé pour des considérations personnelles, en disant: «Je vais acheter des produits bio parce que c'est mieux pour ma santé», puis finalement avec le temps ils ont évolué. Heureusement, parce qu'entre vous et moi, l'impact du bio est bien plus important au plan social qu'au plan de la santé, c'est ce que je pense en tout cas. Donc, ce qui est important c'est que l'on continue ce qu'on fait ici aujourd'hui: développer notre niveau de conscience. Je ne crois pas qu'on doive condamner le commerce équitable ni les autres actions dans le même sens; mais en même temps, c'est très important de les remettre constamment en question pour qu'on les améliore et qu'on s'interroge sur le long terme parce que c'est très clair à mes yeux que le commerce équitable est une action transitoire et que l'on ne fondera pas les relations internationales sur du commerce équitable. Il va falloir aller beaucoup plus loin pour qu'on ait des relations équitables avec le tiers-monde, et, ça, ce n'est pas que des relations de commerce. Par exemple, il y a un organisme, Actual Aid, en Angleterre, qui a fait une étude sur les transferts Nord-Sud: l'aide venant du Nord qui est effectivement parvenue au Sud sur le terrain et qui a eu une certaine efficacité se chiffre, pour l'année 2005, à 29 milliards de dollars alors que le remboursement des dettes du Sud au Nord s'est élevé à 400 milliards de dollars. Il ne faut pas croire que, par le commerce équitable, on va renverser cette situation. Cependant, je pense que c'est un instrument de conscientisation des gens et qu'on commence à se poser des questions sur notre consommation. Et ça, dans notre société de consommation, c'est tellement un gros progrès par rapport à l'immense majorité des gens qui se contentent de dire: «On l'a dit à la télé, donc c'est bon, donc je l'achète.»

Anna

Je vous relance avec une question, car il y a des gens qui disent que ce n'est pas la consommation responsable qui va nous mener vers une révolution, alors quel genre d'initiatives faut-il mettre en place pour nous permettre de sortir de la logique néolibérale? Porter du linge recyclé, est-ce que ça va nous mener vers la révolution?

Anonyme

J'aime beaucoup l'idée que la conscience, ça va en s'amplifiant, un peu comme la recherche de Julie l'a démontré. Mais je voudrais revenir à l'idée de la politique. Ça prendrait des gens en politique qui font valoir ces idées-là. Mais est-ce que ça marcherait pour autant? Concernant l'engagement politique des jeunes, est-ce que c'est surtout de la consommation responsable? En ce qui a trait à la participation électorale, les jeunes votent de moins en moins. L'addition de gestes individuels est-elle suffisante? Si acheter c'est voter, est-ce qu'on arrête de voter pour autant?

Julie

Je te répondrai en disant que non, les gens n'arrêtent pas nécessairement de voter. C'est sûr que beaucoup de jeunes n'ont pas voté ces dernières années, mais le fait de n'avoir pas voté ne signifie pas qu'ils ne sont pas engagés ailleurs, dans des groupes entre autres; et il y en a quand même dans les partis politiques. Le Parti libéral et le Parti québécois, il y a des jeunes là-dedans, avec des idées de tous horizons... Et puis, il y en a qui s'engagent pour l'instant juste par la consommation responsable, mais qui éventuellement peuvent s'intéresser à une autre forme d'action. Une jeune femme m'a dit: «Moi avant de m'intéresser à la consommation responsable, je pensais qu'il n'y avait rien dans la politique, que je ne pouvais rien faire, et là, j'ai découvert que je pouvais quand même faire quelque chose, et éventuellement en faire plus». Si tu veux, tu peux agir dans un certain domaine; la révolution n'est pas pour demain, mais en même temps, si tout le monde se dit que ça ne donne rien d'agir, alors ça ne donnera jamais rien.

Émilie

On ne peut pas rester assis en écoutant la télé à attendre le « Grand soir », mais on peut se demander si le commerce équitable est un pas vers la révolution, est-ce que porter du linge récupéré, manger de la bouffe grano, etc., est-ce que c'est un pas vers la révolution ? Je pense qu'il ne s'agit pas d'un pas vers la révolution quand on considère que la révolution n'arrivera pas un jour au réveil, et pouf voilà ! Je pense qu'il n'y aura pas de « Grand soir », il n'y aura pas de lutte armée, il va y avoir lentement la construction d'un modèle politique dans lequel on va se retrouver, et je pense que c'est cette idée-là qui se retrouve dans la logique où on peut commencer à adopter de très petites actions, qui cependant se situent dans un cadre où au niveau individuel, mais encore davantage au niveau collectif, on se retrouve plus confortable dans ce mode de vie-là.

Pour moi, c'est aussi ça le périple révolutionnaire. C'est un peu ça aussi être militant, essayer de promouvoir un changement en commençant par des changements dans sa vie au quotidien. Ça ne signifie pas qu'il faut se contenter de ces petits changements-là. Je pense qu'il faut réaliser que le commerce équitable n'est pas une finalité, quelqu'un a parlé d'étape transitoire, et à mon avis c'est pertinent parce qu'il est sûr que le commerce équitable ne redéfinit pas les rapports Nord-Sud ; mais cela nous permet quand même de concevoir que notre consommation peut se faire d'une façon plus responsable. Moi je pense que je n'arrêterai pas de boire du café et qu'il n'y aura jamais de café qui poussera au Québec, à moins d'un changement climatique extraordinaire… Alors il faut qu'on trouve une manière d'avoir un partage des ressources et un partage des richesses qui soit équitable, qui soit plus juste…

Marco

L'agriculture soutenue par la communauté, où l'on achète de la nourriture produite localement en la payant d'avance, la simplicité volontaire, et d'autres pratiques du genre, ce sont des façons de changer le modèle culturel dans lequel nous vivons, un modèle qui nous dit: lorsque nous avons besoin de quelque chose, nous allons au magasin l'acheter, avec tous les choix possibles de couleur, de style, etc. Changer de modèle culturel n'est pas quelque chose de facile, parce qu'on vit dans une société extrêmement individualiste. Toutefois, ce n'est pas le cas partout sur la planète: il existe ailleurs des systèmes d'échange d'une production locale où les gens mangent, consomment, s'habillent avec ce qui est produit autour, dans la même région géographique. Cela, on pourrait essayer de le développer à nouveau ici. Ça veut dire aussi, quand on a besoin d'aller en vacances, de prendre une pause, de comprendre qu'il n'est pas nécessaire de traverser la moitié de la planète en avion, de faire sa petite affaire dans un hôtel d'où on ne sort presque pas, puis de revenir chez soi! C'est complètement aberrant de faire ça. Donc il faudrait changer notre conception de la vie, de ce qu'on a besoin pour vivre et de comment on se le procure. Ce serait peut-être aussi de produire et de consommer de façon plus collective. Ça n'est pas évident dans un système où le but de la production c'est le profit et non la vie des gens. Je pense que le changement devrait être global, dans notre façon de voir les chose. Et de ça, on en est loin.

Serge

Je pense aussi que le changement majeur si nécessaire à notre société ne viendra pas en un soir. Je crois qu'on a tous compris qu'il ne viendra ni d'un messie, ni d'un parti politique, en tout cas pas de ceux qui sont proches du pouvoir ou qui sont au pouvoir actuellement. Ça va venir d'une multitude de changements à la base, comme le commerce équitable en est un, mais aussi d'initiatives comme l'agriculture soutenue par la communauté. Comme Julie disait, je pense que la politisation des jeunes est grande ; certes, les jeunes désertent les partis politiques, mais ils s'impliquent sur le terrain. Pour ma part, je constate en tout cas qu'il y a de plus en plus de jeunes qui sont politisés dans le sens où ils ont compris que si on veut que notre société change, il faut qu'on se retrousse les manches et qu'on la refasse autrement, et que cela se fait à partir d'une multitude de petites initiatives. Ces petites initiatives grossissent et se multiplient et à un moment donné, tout ce monde-là ainsi impliqué va se parler et se dire : « Finalement, on veut tous la même chose et on devrait être en mesure de faire les changements souhaités et de se donner les structures politiques pour les faire. » Parce qu'il va falloir à un moment donné qu'il y ait des décisions collectives qui se prennent. Mais, en même temps, pour l'instant, c'est très important de ne pas lancer un message démobilisant du genre : « C'est récupéré, le commerce équitable. » Parce que ce qui est important actuellement, c'est de lancer comme message qu'on n'est pas impuissant, qu'il ne faut pas demeurer passif ; si on veut que le changement arrive, il faut qu'on commence par des petites choses, mais il faut faire quelque chose. Bref, il faut cesser de baisser les bras puis de penser qu'il n'y a rien à faire.

Anna

Moi, je ne suis vraiment pas partisane du « grand soir ». Vivre la révolution au quotidien, c'est quelque chose que je fais moi-même et dont j'étudie les diverses manifestations. Il y a beaucoup de gens qui le font. Nous, au Collectif de recherche sur l'autonomie collective, nous avons recensé environ 150 groupes ou collectifs qui fonctionnent de façon autogérée, carrément à l'extérieur du système, et qui font plein d'actions dans le domaine de la récupération ou de la transformation de bouffe, des actions selon moi assez subversives. Il faut comprendre que ce ne sont pas toutes les initiatives qui sont subversives. Il y a des petites initiatives qui renforcent le système en place. Il y en a d'autres qui viennent l'ébranler. Des fois, j'ai l'impression que, pour plusieurs, tout est beau, tout est bien, tout est gentil... Alors que c'est ça le débat qu'il est intéressant d'avoir : est-ce que la petite initiative dans laquelle je suis impliquée, le fait que je consomme x, y ou z produit, est-ce que ce faisant je participe au renforcement du système en place ou bien est-ce que j'ouvre ainsi une petite brèche? Je trouve qu'on ne réfléchit pas assez à ça. On ne réfléchit pas assez de façon stratégique. Moi aussi je suis partisane de la multitude de petites expériences qui vont faire en sorte que le système va se transformer avec le temps. Je ne dis pas que c'est quelque chose qui va arriver du jour au lendemain non plus. Il y a un système en place présentement : comment est-ce qu'on le transforme, comment est-ce qu'on fait pour l'ébranler?

Anonyme

Je pense que non seulement le commerce équitable, mais aussi la récupération ou d'autres actions du genre, c'est simplement des moyens pour, au quotidien, être en accord avec soi-même, avec ce qu'on pense et quand on a le temps, enfin... avec tout le temps qui nous reste, et il y en a beaucoup, il importe de faire des actions comme

---

La consommation éthique et bio est-elle une affaire de « bobos » ?
[...] La question valait la peine d'être posée : peut-on demander à tous, et même aux plus précaires, de consommer de manière responsable ?

> Aline Chambras, « La consommation éthique
> et bio est-elle une affaire de "bobos" ? »,
> dans *Place Publique*, février 2005.

---

s'engager politiquement. Ce que j'aime bien dans le type d'actions autour de la consommation responsable, c'est l'idée d'un réseau. Que c'est au niveau local que ça doit commencer, car on ne peut pas faire ça avec des gens trop loin, qu'on ne connaît pas. Il faut s'établir un réseau de solidarité, de connaissances, et à partir de ce moment-là il va se créer une espèce de toile. L'avantage de cette toile, c'est qu'elle ne se superpose pas à la toile existante et qu'on peut vivre en dehors de ce qui nous est demandé d'accepter au quotidien, en dehors de ce que nous offre le courant dominant et qui nous garde dans une boîte fermée.

Anonyme

On cherche dans le fond des façons de transformer la société. Moi aussi je suis un grand désillusionné du système parlementaire, du système électoral en général. Donc je me dis que les deux voies qu'il faudrait mettre en priorité sont : le combat autour des idées et celui autour des actions. Les deux forment un tout indissociable. Je pense qu'en ce qui regarde les idées, il ne faut pas avoir peur de faire la promotion d'idées qui vont à contre-courant de ce qu'on entend régulièrement, ne serait-ce qu'à propos des thématiques, à savoir : c'est quoi dans le fond les droits sociaux dont chaque humain devrait pouvoir bénéficier. Parler de décroissance économique, parler de ces thèmes-là qui sont à contre-courant des idées diffusées et tellement médiatisées, ces thèmes qui pourraient progressivement, à travers l'action, qui est le deuxième champ, être popularisés au sein de la société. Je pense qu'il ne faut pas non plus négliger l'importance de l'action, pas l'action individuelle, mais l'action collective ; donc, il s'agit d'essayer de s'intégrer à des groupes, d'essayer de répandre les idées à contre-courant dans ces groupes-là pour radicaliser davantage les luttes sociales.

Je pense que juste en créant des groupes qui proposent concrètement des alternatives au jour le jour, ça peut être une belle façon de transformer les choses. Si, par exemple, on formait demain matin une association de voisins qui veulent transformer leur rue en jardin pour être autosuffisants sur le plan alimentaire, c'est le genre d'initiative que j'approuverais, que j'encouragerais, et que je ferais connaître autour de moi.

Patrice

Ce qui me frappe, c'est qu'on parle des rapports Nord-Sud, on parle de réduire la consommation, on parle de plusieurs alternatives de ce type-là, mais j'ai l'impression qu'une partie de la population est complètement oubliée, une population d'ici qui vit une misère extrême de plus en plus grande. Réduire la consommation quand on a les moyens de consommer, c'est correct, je suis quelqu'un qui le fait. Mais quand on se pose la question tous les jours de savoir comment on va manger... Je ne sais pas trop comment une telle proposition peut faire face à ce problème...

Je travaille dans un organisme communautaire et j'ai eu une discussion il n'y a pas longtemps avec une employée sur Wal-Mart. Question de conscience, question de compréhension... la personne avec qui je discutais comprend tout ça. Toutefois, elle a trois enfants. Elle gagne un petit salaire. Que fait-elle pour y arriver ? Elle va chez Wal-Mart ! Alors, j'ai l'impression qu'il y a un type de débat qui se fait dans une partie de la société, qui est assez bien représentée ici, duquel est exclue toute une partie de la population, qu'on côtoie peut-être plus ou moins tous les jours, qui est dans une pauvreté non seulement économique, mais culturelle, de droits, etc. Dans le débat, je n'entends pas de solutions pour ces personnes, et ça me préoccupe.

Quand on revient à la question des droits, là ça m'allume. Parce que nous sommes dans un pays signataire des grands principes internationaux, de la Charte des droits de l'Homme par exemple. Des conventions et des traités, il y en a. Mais on n'est pas capable de les faire respecter. Au quotidien, le droit à l'alimentation dont on parlait tout à l'heure, le droit au logement, ce sont des droits fondamentaux qu'on a ratifiés comme État. Pourtant on rencontre dans notre quotidien des gens qui vivent dans des conditions de logement comparables à celles des paysans du tiers-monde qu'on veut supporter en achetant du café équitable.

Je suis sérieux. Moi je suis pour la solidarité internationale. Je n'oppose pas les pauvres d'ici et ceux de là-bas, loin de là. Je pense que ce serait ridicule et dangereux. Mais qu'on aide ceux d'ailleurs au détriment des gens qui vivent ici, dans des conditions qui s'empirent – et ce n'est pas une vue de l'esprit – c'est très discutable. Donc si on ne touche pas à la question des droits, on passe à côté de quelque chose d'essentiel. Et les droits sociaux, c'est collectif. On parlait tantôt du politique. Eh oui ! le parlementarisme ne va pas tout changer, mais reste que c'est le Parlement qui a voté la loi pour restreindre l'accès à l'aide sociale et qui appauvrit les gens. Qu'est-ce qu'on fait avec ça? On dit: « La politique c'est sale, alors on n'y touche pas » ?

Charles

Si la consommation, c'était simplement de se nourrir, s'hydrater, vivre des activités sociales et tout ça... on pourrait être 10 milliards d'humains sur Terre, il n'y en aurait pas de problème et on n'aurait pas à en parler. Le problème, c'est le lavage de cerveau qu'opère la publicité et le fait que le mode de vie ainsi répandu préconise d'avoir une BMW, de devenir président de compagnie, de faire des centaines de milliers de dollars par année... C'est ça le vrai problème et c'est ça qu'on essaye de changer, d'expliquer aux gens que si on veut être plus de 10 milliards sur Terre et qu'on projette cela dans l'avenir, il ne faut pas consommer comme ça.

Anonyme

Je pense que le commerce équitable est nécessaire et utile. Je suis convaincu que pour la majorité des gens ici, le premier geste qu'ils ont posé dans le domaine de la consommation responsable a été d'acheter un produit équitable; puis peu à peu il y a eu un cheminement, une politisation et davantage d'action dans le domaine de la politique. Je crois que le fait d'être ici et de créer un groupe de recherche sur la consommation responsable, qu'on approfondisse ce genre de questions et qu'on réflé-chisse ensemble démontre qu'on est déjà rendu dans des solutions. Il y a quelques années, on aurait simplement fait une conférence sur le commerce équitable. Le fait qu'on soit un peu plus critiques actuellement, je crois que c'est une bonne chose. Il y a plein d'idées qui ont été apportées, et je pense que les solutions sont déjà là, elles sont en train de naître : associations de voisins, SELs... Il me semble qu'on est déjà dans les solutions qui font suite au commerce équitable.

Julie

Ce que je n'ai pas dit, c'est que dans ma recherche, j'ai rejoint des gens qui sont assez éduqués, les trois quarts avaient un diplôme universitaire, donc ils sont peut-être rendus à un niveau de réflexion différent. C'est clair que quand tu te demandes ce que tu vas manger aujourd'hui, t'as pas tellement de préoccupation pour le biologique ou l'équitable. Une des répondantes trouvait qu'on n'éduquait pas suffisamment les gens pauvres à ce niveau-là. Oui le bio, les OGM, les gras trans, mais en même temps, on pourrait montrer aux gens comment cuisiner des trucs plus sains que ce qu'on achète tout préparé avec des additifs et tout ça. Ce n'est pas parce que les gens sont pauvres qu'ils doivent nécessairement se bourrer de Kraft Dinner. Je verrais des solutions intéressantes à ce niveau-là. Si on se dit que c'est quelque chose d'intéressant pour permettre un changement, il faudrait que ça rejoigne plus de gens, outre la clientèle universitaire ou plus éduquée. Il faudrait que ce type d'information soit plus accessible.

Serge

Cela m'interpelle aussi, ce rappel qu'il y a des gens qui sont dans une position assez désespérée. Il me semble qu'actuellement notre société a deux problèmes dans le domaine de la consommation : la surconsommation, et le fait que la plupart de nos consommations sont individualisées. Pour multiplier les ventes, on a fait de nous des individualistes forcenés qui répondent à tous leurs besoins en achetant un objet ou un service. Donc dans la mentalité de notre société, si tu as de l'argent, tu es capable de répondre à tous tes besoins. Il me semble qu'il faudrait remettre en question cette façon de répondre individuellement à nos besoins pour se tourner vers des réponses collectives. À partir du moment où l'on fait cela, on permet à tout le monde de répondre à ses besoins. C'est une des choses que je dis souvent sur la simplicité volontaire : si les gens qui actuellement ont des automobiles les laissent de côté et commencent à faire des pressions pour qu'on ait des systèmes de transport en commun adéquats, eux vont certainement en bénéficier car cela leur coûtera moins cher pour vivre, mais toute la société aussi en tirera profit, et tout particulièrement ceux qui n'ont pas de voiture.

La réflexion s'applique à d'autres domaines. Si on laisse aller les services de santé, quelles sont les premières personnes qui vont en être privées ? Ce sont les pauvres, c'est clair. Si on laisse aller nos bibliothèques, ceux qui ont le moins les moyens de s'acheter des livres sont encore les gens qui ont peu d'argent parce qu'avant de s'acheter des livres on s'achète de quoi manger. Donc, si nous nous donnons des instruments collectifs pour répondre à nos besoins, c'est toute la société qui va en bénéficier. Et, à ce moment-là, va se développer à nouveau quelque chose qui est en train de se perdre, la solidarité. Nous souffrons de plus en plus d'insécurité dans notre société. Au lieu de contracter toutes sortes d'assurances, nous pourrions nous donner une société où il y a des liens sociaux, où il y a des organismes pour répondre à nos besoins, où l'on se préoccupe de ses voisins...

Ginette

Ce que Patrice a dit m'a beaucoup touchée. Je crois que l'on doit se sentir privilégiés d'avoir ce type de débat. Les gens qui sont pris dans une pauvreté structurelle ne sont pas ici. Ils ne sont pas ici en train de parler de ça avec nous et il faudrait faire attention de ne pas tomber dans un débat moraliste. Je travaille avec eux quotidiennement et je dois vous dire que le commerce équitable est le dernier de leurs soucis. En effet ils vont chez Wal-Mart parce que c'est moins cher. Un chèque d'aide sociale, on sait ce que c'est, avec des enfants on sait ce que ça représente. Nous sommes privilégiés d'être ici en train de nous questionner sur l'opportunité d'acheter bio ou local. Comment inclure ces gens-là et comment ne pas tomber dans le moralisme? Il y a beaucoup de participants qui ont parlé des petits gestes à poser et d'être inclusifs dans notre débat, dans notre questionnement, dans notre réflexion. Pour moi, c'est essentiel. Nous faisons partie d'une élite assez privilégiée alors que ce n'est pas le cas pour une majorité qui augmente constamment. Au quotidien, ces gens se disent: «la réflexion, on y verra demain». Je pense qu'effectivement une voie intéressante est de travailler sur des projets collectifs.

Anonyme

Je trouve intéressante la réflexion autour des jardins communautaires, parce qu'il s'agit vraiment de consommation responsable collective. Plus que consommer, on produit ensemble. C'est à ça qu'il faut qu'on en vienne: la production collective. Alors on peut débattre de ce qu'on veut produire, toujours dans une perspective collective. C'est à cela qu'il faut s'atteler actuellement.

Anonyme

Je veux réagir à une affirmation de Julie, qui a suggéré, quand on parlait d'inclusion, d'exclusion et de pauvreté par rapport à l'alimentation, qu'on devrait peut-être considérer des projets pour aider les gens à mieux manger même avec un budget restreint. En fait, il m'apparaît que ce n'est pas vraiment un problème d'alimentation. C'est un problème structurel plus profond que seulement : « Qu'est-ce que je peux manger avec le budget que j'ai ? » La vraie question à se poser est : « Pourquoi ai-je ce budget-là ? » Nous vivons dans un système très compétitif, qui se base sur la performance et la productivité, et on se demande pourquoi, dans un tel système, quand tu es une mère célibataire et que tu reviens du travail à 18 heures, qu'il faut que tu nourrisses tes enfants, pourquoi vas-tu manger des mets préparés ? Parce que logiquement, il y a des limites au nombre d'heures dont tu disposes dans une journée, de même qu'une limite aux moyens auxquels tu as accès. Que de permettre une meilleure éducation sur l'alimentation puisse parvenir vraiment à résoudre des gros problèmes par rapport à l'alimentation, moi j'en doute.

Anonyme

Mais pour les autorités en place, quand on parle, quand on lève sa main ou quand on dit quelque chose, il n'y a que le nombre de personnes qu'on a derrière nous qui compte.

Anonyme

Je pense que l'action à petite échelle, ça peut être une bonne avenue. Par exemple, pousser sur nos municipalités pour qu'on ait du transport en commun. Même la mairesse de Westmount a abandonné sa voiture. Il y a des élus qui peuvent faire des bonnes choses.

Anonyme

Le thème de la discussion m'a fait un peu peur. J'avais peur d'avoir contribué à créer un monstre en ayant fait la promotion du commerce équitable. J'ai eu la frousse! En même temps, une des interventions de M. Mongeau m'a beaucoup rassurée sur ce que je croyais que pouvait être le commerce équitable. A-t-on vraiment créé un monstre, je ne le sais pas, l'avenir nous le dira peut-être, mais en attendant je pense que je vais continuer à contribuer à ce que les écarts dans le monde diminuent. Je ne sais pas si cela va faire des gens qui vont vouloir être encore plus consommateurs qu'on peut l'être ici, mais je me dis qu'ils auront au moins les moyens de réaliser un peu mieux leurs projets.

Je peux vous dire que cette question du commerce équitable a un impact sur les gens à qui on en parle, parce que je milite au sein d'un groupe qui communique avec pas mal de personnes. Ça fait en sorte que les gens réfléchissent autrement. Parfois la réflexion va beaucoup plus loin qu'on pourrait l'imaginer pour monsieur et madame tout le monde. Quelqu'un parlait tout à l'heure de la personne qui arrive de travailler, il est 6 h le soir et il faut nourrir les enfants et elle se précipite sur la première occasion qu'elle trouve pour oublier les tracas de la journée en écoutant je ne sais quelle émission de télé qui permet de s'évader… C'est certainement tentant… Sauf que le fait de mousser le commerce équitable, d'en discuter avec eux, fait en sorte qu'il y a des petites graines qui sont semées. Je pense qu'à travers de telles campagnes dans les groupes qu'on rencontre, le niveau de réflexion s'élève quelque peu, allant aussi loin que l'investissement responsable, par lequel on s'assure que les entreprises dans lesquelles nos fonds de pension sont investis donnent des bonnes conditions de travail aux gens qu'elles emploient.

Dernier tour de table des participants à la table ronde : après cette discussion, croyez-vous que la consommation responsable favorise le néolibéralisme?

Patrice

Je pense qu'en soi, sans perspective collective et sans vision de transformation, la consommation responsable est une forme de «patchage». Ça peut répondre à certains problèmes concrets. Et quand je dis patchage, ce n'est pas négatif ou péjoratif. Le fait d'améliorer les conditions de travail, ou le fait que des gens gaspillent moins, c'est en soi bon. Par contre de dire que c'est transformateur, en termes de société, si on n'a pas d'autres perspectives, je pense que non.

C'est très important de faire des débats comme celui d'aujourd'hui, mais il ne faut pas les faire en vase clos. On le disait tantôt, nous sommes représentatifs d'une certaine couche de la société. Et ceux qui sont de plus en plus exclus, marginalisés, appauvris et souvent méprisés ne sont pas présents ici aujourd'hui. Je pense que tout débat sera faussé tant et aussi longtemps qu'ils ne seront pas là. S'ils avaient été là, les réalités qui ont été débattues aujourd'hui auraient été présentées sous un éclairage complètement différent.

Autre élément important, on a parlé de solidarité tantôt. La solidarité, ce n'est pas un concept abstrait, ça se traduit par des actions concrètes. Un des meilleurs leviers, c'est de mener des luttes de revendications et de faire des projets axés sur les droits sociaux et collectifs. Il existe des législations qui ne sont pas appliquées, qui ne sont pas respectées, et je pense que ce sont des leviers que nous pourrions utiliser pour fonder notre réflexion et nos actions. Et quand on parle de réunir et de rejoindre les différentes couches de la population pour créer de la solidarité entre les exclus et les nantis, les nantis relatifs s'entend, c'est sur la base des droits qu'on peut le faire.

Julie

La seule conclusion que je ferai, c'est de me réjouir de toutes les initiatives individuelles et collectives, y compris celles des groupes plus militants, parce que, on le voit chez les gens, cela a un impact. À peu près tout le monde nous a parlé de Laure Waridel, d'Équiterre, de Greenpeace et d'«acheter, c'est voter». Je pense que ça fonctionne beaucoup par la diffusion dans son entourage, les collègues de travail, la famille. Je le vois avec les jeunes par rapport à leurs parents, parce que c'est rare que ça vient des parents, c'est plutôt l'inverse qui se passe. Des gens qui ne sont pas nécessairement dans des réseaux sont ainsi informés et ceux qui sont plus sensibles peuvent jouer un petit rôle, quand on leur dit qu'ils peuvent faire quelque chose.

Serge

Je pense que la question de la consommation est primordiale et qu'il est très important qu'on continue à s'interroger là-dessus. Ce qui manque dans notre société, c'est la conscience, et c'est ce à quoi il faut que tous nous travaillions : développer la conscience, donc faire réfléchir les gens. Nous vivons actuellement dans une société anesthésiée par des moyens de communication absolument fantastiques et tellement puissants. On prépare déjà ici à l'université plusieurs des gens qui nous manipuleront dans quelques années. C'est malheureux, mais de plus en plus nous sommes manipulés, ça n'a plus de sens. Je souhaite que des rencontres comme celle d'aujourd'hui se multiplient, que des actions à la base se poursuivent, et c'est ainsi qu'on va changer notre société. La démocratie, c'est ce que nous faisons aujourd'hui, se retrouver ensemble pour parler, discuter, ne pas être nécessairement d'accord et pouvoir se dire nos désaccords. C'est cela qui est très important, et pas seulement de voter.

*   *   *

Réflexions post-séminaire

MATHIEU DEMERS
UQÀM / maîtrise en sociologie

LA QUESTION SE POSE DE SAVOIR quelle vision du rapport
« individu et société » est implicite au discours entourant
la consommation responsable. Plus particulièrement, on
peut se demander si l'acte de consommation peut être politique. Peut-on caractériser comme politique un ensemble
d'actions individuelles orientées selon certains critères
communs? Si l'on considère que l'acte politique est une
démarche collective, impliquant le dialogue et le conflit, la
consommation responsable n'est certes pas un choix politique, mais plutôt un choix économique individuel sans
rencontre conflictuelle de l'autre ni dialogue. En ce sens,
le discours entourant la consommation responsable, puisqu'il fait de l'individu consommateur l'épicentre d'une
certaine régulation des marchés, n'est pas sans lien avec
l'idéal néolibéral. En effet, le discours idéologique du
néolibéralisme voit le marché comme quelque chose qui
n'est pas guidé par les idéologies ou le pouvoir politique,
mais plutôt par la volonté des individus.

La vision de l'individu transformant le monde par
les actions de sa vie quotidienne plutôt que par l'engagement au sein de mouvements politiques est une idée

particulièrement liée aux désillusions politiques et à l'individualisme des années 1980. Ajoutez à cette vision celle du
citoyen/consommateur propre aux théories néolibérales et
vous obtenez un terrain fertile pour la naissance de l'idée
de consommation responsable. Il est donc évident que ce
n'est pas un hasard si la consommation responsable, en ce
qu'elle parle à l'individu plutôt qu'au groupe, est née dans
un moment fort de l'individualisme.

Même si l'idéal de la consommation responsable ne
prône pas directement une vision de l'individu centré sur
lui-même, on peut tout de même dire qu'elle est peu désta-
bilisante pour l'individualisme contemporain, sans doute
parce qu'elle en est issue. Ceci ne veut pas dire qu'elle ne
puisse pas être un pas vers le dépassement des aspects
négatifs de l'individualisme. En ce sens, la consommation
responsable voit peut-être juste en tentant stratégiquement
de commencer par là où sont les gens, pour plus tard les
amener à élargir le discours et les actions vers des appro-
priations et revendications plus collectives.

L'élargissement des pratiques de consommation responsable pourrait peut-être contribuer à réguler en partie
les marchés, mais elle peut plus difficilement permettre
une remise en question du fonctionnement global de ceux-
ci. Plutôt que de voir la consommation responsable comme
une fin en soi, il est essentiel de l'inclure dans un questionnement plus global de la consommation qui inclue
aussi sa réduction.

Il va sans dire que la consommation responsable s'inscrit
dans une certaine rupture avec les tendances dominantes
du marketing capitaliste, lequel cherche à faire des individus des consommateurs passifs et des acheteurs compulsifs.
L'idéal de consommation responsable tente au contraire

d'introduire une médiation réflexive à caractère éthique entre le désir et l'achat, qui devrait orienter le choix. Cette prise de conscience devant la suggestion publicitaire abusive qui s'adresse aux désirs inconscients, est pour moi encourageante. Peut-être cela contribuera-t-il à fonder le discours publicitaire sur des bases un peu plus rationnelles et éthiques, ce qui ne garantit toutefois pas une valorisation de la réduction de la consommation. Le « marketing de la bonne conscience » est souvent douteux.

Vers un élargissement de la responsabilité

C'est une illusion de croire que nous arriverons à atteindre un pourcentage assez grand de la population pour arriver à changer significativement le cours du marché par les choix de consommation. Certes, nous voyons de plus en plus les entreprises prendre un tournant *vert* à cause de la croissance de la préoccupation environnementale des consommateurs, mais il me semble qu'une application systématique de normes éthiques et environnementales à la production ne peut se faire qu'à partir de régulations gouvernementales. Il serait temps d'élargir le discours de la consommation responsable pour y inclure les notions de production responsable et de législation responsable.

Par conséquent, je pense que la présence des organisations de la société civile est essentielle pour organiser et faire évoluer le discours, de même que pour donner une voix publique aux actions individuelles. À ce titre, certains font un travail exemplaire en intégrant dans leurs divers programmes les multiples aspects de la consommation. Ces organisations sont bien placées pour faire un travail plus « politique » en amenant le discours dans l'espace public, en créant des débats, en faisant des pressions sur la classe politique et sur les institutions en vue d'élargir les pratiques responsables à diverses sphères de la société.

CONCLUSION EN FORME DE PETIT MANIFESTE

Au cœur du libéralisme, la simplicité involontaire

L'humanité est passée à travers une longue histoire d'inégalités et de conditions sociales contenant un grand potentiel de destruction, malgré notre achèvement créatif en
matière de technologie.

Le grand projet de notre temps devrait être d'ouvrir l'autre
œil pour voir le monde dans son ensemble, pour cicatriser
et transcender le clivage entre l'humanité et la nature qui
est apparu dans l'enfance de notre espèce.

Murray Bookchin

*EN POSANT LA QUESTION – La consommation responsable
est-elle au service du néolibéralisme ?* – nous avions conscience de la polémique qu'elle soulevait. Il nous apparaissait
important de poser cette question à un moment où la
consommation responsable est au nombre des solutions
proposées pour faire face aux problèmes de surconsommation
et de surproduction engendrés par nos sociétés.

Nous savions également qu'en tentant d'y répondre par l'intermédiaire d'un séminaire ouvert, nous engagerions un processus de réflexion qui permettrait de dégager un certain nombre de constats et susciterait des prises de position, sans toutefois fermer le champ des possibles.

Un premier constat qui se dégage du séminaire est que la manière de consommer telle qu'elle est imposée planétairement par l'économie néolibérale doit être revue. Elle doit l'être non comme un acte d'achat individualisé, mais en la situant au sein d'un processus complexe, allant de la production à la distribution de la richesse. Jamais dans l'histoire un mode de production économique n'aura créé autant de richesse et ne l'aura distribuée de façon aussi inéquitable[14].

Dès lors, ni le commerce équitable en soi, ni tout autre geste de consommation responsable basé sur la seule conscience individuelle, ne peut constituer une réponse globale à de telles iniquités. Tout au plus, un tel commerce représente un champ d'expérimentation imparfait. Imparfait car, dans ce type de commerce, les rapports entre le Nord et le Sud restent inégalitaires. D'une part, la valeur ajoutée des produits reste sensiblement concentrée au Nord. La quasi-totalité de l'industrie de transformation des matières importées est occidentale[15]. D'autre part, la logique de production

---

14. « Deux pour cent de l'humanité détient la moitié du patrimoine des ménages tandis que la moitié de la population mondiale en détient 1 %, selon une étude des Nations unies publiée hier qui confirme les écarts gigantesques de niveau de vie sur la planète », Agence France-Presse, « Une richesse toujours aussi mal partagée », *Le Devoir*, 6 décembre 2006.

15. Dans le cas du café équitable, celui-ci est généralement torréfié au Nord, les barrières à l'importation du café vert étant beaucoup plus faibles que celles du café transformé.

de la valeur repose sur l'exportation d'une ressource, dans un environnement de concurrence internationale tenant peu compte du coût écologique lié au transport de biens sur de longues distances, alors que les besoins de consommation interne des pays du Sud sont loin d'être satisfaits. Enfin, la part de la plus-value qui revient au producteur du Sud reste minime par rapport à la valeur globale d'échange du produit, dont la plus-value reste au Nord.

Deuxième constat, la consommation responsable ne représente – pas plus que le commerce équitable – une réponse globale. En faisant appel à la sensibilité du consommateur, à sa bonne conscience, elle est une proie facile pour les multinationales dont les agences de marketing ont vite fait de flairer le potentiel de récupération lié à la responsabilisation éthique du consommateur.

La critique que nous développons ici ne se veut pas une remise en question de la nature même de la consommation responsable liée au commerce équitable. Nous reconnaissons que ce dernier apporte certains bienfaits aux populations vivant en situation de pauvreté et aux producteurs marginalisés du Sud. Toutefois, l'acte de « responsabilité » doit tout autant s'appliquer à la production et à la distribution qu'à la consommation d'un bien ou d'un service. N'est-il pas paradoxal que, tandis que l'accumulation des profits de quelques géants mondiaux ne cesse de croître, on fasse porter le fardeau des inégalités qu'ils génèrent uniquement sur la conscience des consommateurs ?

À ce titre, nous partageons la préoccupation de Nikolaz, un militant nantais du mouvement ATTAC :

> La consommation responsable, pour intéressante et importante qu'elle soit à un niveau individuel, peut toutefois devenir dangereuse dès qu'elle est pensée comme

pouvant tenir lieu de seul et unique moyen de régulation des échanges économiques. L'horizon promis reste
ici en effet celui du libéralisme, selon lequel c'est la
somme des intérêts égoïstes de chaque acteur, entreprises et consommateurs, qui permettra de définir l'intérêt
général. À défaut d'une intervention politique, ce sont
les consommateurs qui sont tenus de faire de leur porte-
monnaie un second bulletin de vote en sanctionnant les
entreprises qui ne respectent pas des critères sociaux et
environnementaux[16].

Autrement dit, comme le souligne Gallais[17], «sans
dimension politique, le commerce équitable, comme la consommation responsable en général, pourrait simplement
renforcer les fonctionnements en place, sans fondamen-
talement remettre en cause le phénoménal déséquilibre
des rapports de force économique, financier et politique».

*   *   *

Au terme de la tenue d'un séminaire réflexif sur la consommation responsable, éthique, durable, équitable, etc.
nous redécouvrons la complexité entourant toute tentative
de répondre à la question que nous nous sommes posée au
départ. Certes, des questions simples appellent souvent des

---

16. Nikolaz, «*Commerce équitable: où en est-on?*», publié sur le
    site ATTAC-Campus, 7 octobre 2005, www.campus.attac.org/
    article.php3?id_article=140, page consultée le 21 décembre
    2006.
17. Gallais, «Commerce équitable et consommation responsable:
    un engagement politique qui dépasse la consommation»,
    Action-Consommation, mai 2005, p. 4.

réponses complexes. Pourtant, il est clairement reconnu que le niveau d'hyperconsommation actuel est dévastateur, tant pour l'avenir des sociétés humaines que pour les différents écosystèmes de la planète. Dès lors, il apparaît de plus en plus clair que nous devons mettre fin aux prémisses qui soutiennent le modèle d'hyperconsommation en redéfinissant les assises culturelles des modèles de développement déployés aux quatre coins de la planète.

Il fut un temps où les sociétés premières, sans représenter un modèle idéal ou idéel de vivre ensemble, savaient contrôler l'évolution de leur vivre ensemble et tenir compte des écosystèmes qu'elles peuplaient en équilibrant leurs activités de production, de distribution et de consommation aux capacités réelles de ces derniers. Les premières civilisations, tout en apportant des améliorations socio-économiques et sociopolitiques importantes, ont rompu cet équilibre en impulsant des modalités de développement qui ont imposé un mode de production de la richesse en misant sur l'agriculture et l'élevage pour garantir une croissance continue des activités de production, de distribution et de consommation. Les élites des petites puis des grandes civilisations, au nom de la religion puis de la science, ont revendiqué le droit de produire à grande échelle pour consommer à grande échelle. Elles se sont investies de responsabilités permettant l'actualisation de ce droit. Elles l'ont fait au nom de l'intérêt général, tout en s'assurant que leur intérêt particulier soit pris en compte.

Les sociétés premières ne sont plus. Il ne nous reste que des civilisations, pour ne pas dire une grande civilisation capitaliste! Le vivre ensemble fondé sur un équilibre relativement harmonieux entre l'acte de produire, de distribuer et de consommer, donc de faire de l'économie en son sens premier, est chose du passé. Ce vivre ensemble subsiste certes de façon micro-corpusculaire, à petite échelle, au sein de petits réseaux ou de très petites communautés. De tels réseaux ou communautés constituent l'exception à laquelle une très petite minorité aspire.

La majorité de la planète vit au rythme de l'utopie libérale. Celle d'une grande société humaine unifiée autour de l'idéal humaniste, du modèle démocratique, du marché libéral, de la liberté individuelle, du progrès assumé dans et par le développement des connaissances, de la science et de la technique... La majorité des populations de la planète aspire à l'atteinte d'un niveau de développement de leur économie et de leur société qui permettrait l'accès pour toutes et tous à la production et à la consommation de masse. L'utopie partagée est présentement une utopie libérale. Une utopie nourrie du projet des Lumières, portée par la civilisation capitaliste, patriarcale et dominatrice que l'Europe a réussi à imposer au reste du monde.

La grande force de l'utopie libérale repose sur sa capacité de livrer ce que les religions du sacré n'ont pas été capables de garantir à court terme. L'utopie libérale, en tant que religion du matériel, de la société de consommation, offre et livre un paradis prêt-à-porter. Il s'appelle Club Med, Wal-Mart, Responsabilité sociale des entreprises, American Apparel, Dior, Harvard, Station spatiale, Baladeur numérique, Téléphonie sans fil, Prothèse médicale, Cœur sans pouls, Fraises en tout temps, Soya transgénique, Nanotechnologies, Commerce équitable, Énergie verte et Privatisation du vent... L'utopie libérale, c'est aussi l'obsolescence accélérée et programmée des biens et des services, la multiplication des fausses innovations.

Face à la palette de procédés déployés par la civilisation capitaliste, force est de constater que toute situation sociétale qui ne permette pas d'y arriver est présentement jugée inacceptable. Dès lors, la norme est de faire du rattrapage, de rejoindre le stade le plus élevé du développement humain! Les exploitéEs et les damnéEs de la Terre qui «vivent avec moins d'un dollar par jour» doivent atteindre notre «niveau» et disposer de 100 dollars par jour! Quant aux miséreux et miséreuses de chez nous, les «presque à terre» de la sécurité du revenu qui se «prélassent» aux crochets de la société, qu'on les mette au travail afin qu'ils puissent contribuer à la croissance du PNB, ce «plus extraordinaire bluff collectif des sociétés modernes» pour reprendre les mots de Baudrillard.

Tel est actuellement le moteur qui nous fait avancer dans une histoire-en-devenir de plus en plus risquée et incertaine.

Ce à quoi des sociétés premières ont aspiré – vaincre les prédateurs, la famine; vaincre la maladie conduisant à la mort prématurée; vaincre la misère du dénuement culturel face à une nature si forte et oppressante; vaincre l'arbitraire de décideurs et décideuses imbuEs de pouvoirs guerriers ou religieux – «nous» l'avons enfin atteint...

Mais de quelle façon?

Par et dans le développement d'un système d'inégalités structurelles qui assure à une minorité le paradis du prêt-à-porter capitaliste, du jeter-après-usage. La majorité de la population est orpheline de ce développement déployé par les sociétés nationales, par les élites et par les grandes organisations situées au centre du système mondial.

En réalité, la majorité de la population mondiale vit au rythme de la simplicité involontaire. Et la majorité de cette majorité est constituée de femmes et d'enfants. En l'an 2000, sur les quatre milliards et demi de personnes vivant avec moins de deux dollars par jour, 70 % étaient des femmes et des enfants. Et les pays dits « développés » ne sont pas exempts de cette exclusion qui fausse l'utopie libérale : selon Statistiques Canada, en 1994, le travail non rémunéré des femmes canadiennes était estimé entre 234 et 374 milliards de dollars. Plus près encore, 36 % des enfants fréquentant la Commission scolaire de Montréal en 2004 vivaient sous le seuil de la pauvreté. En 2006, plus de 40 % des travailleurs et travailleuses de la grande région de Montréal gagnent moins de 20 000 dollars par année[18]. Ainsi, non seulement cette majorité est orpheline, mais les possibilités d'insertion sont souvent faibles et aléatoires. La majorité de la population mondiale est soumise au joug de la simplicité involontaire, il faut le rappeler.

Les *grands* de ce monde nous font croire que la situation idéale est celle qui rendra justice aux populations de la planète en rendant accessible l'utopie libérale, en la matérialisant. Pour y arriver, nous aurions besoin de cinq à six planètes comme la Terre. Pas de problème, notre système solaire est bien doté en planètes. Il nous suffit de bien les aménager, de les « terraformer » !

Nos choix sont à la fois limités et clairs. Nous avons le choix de faire confiance à nos élites. Nous avons aussi le choix de dire non. Ce non implique des conséquences lourdes face à l'utopie libérale. Il demande la mise en scène d'une nouvelle utopie libératrice. Il demande une réorganisation de notre rapport au développement ; de notre

---

18. « Quand le travail n'empêche plus d'être pauvre », Rapport de recherche du CRDIM (Pierre-Joseph Ulysse), Montréal, 2006.

rapport à la richesse et à la pauvreté ; de notre conception de la richesse et de sa répartition.

Dire non, c'est renouer avec un projet intégré du vivre ensemble, où la dimension économique de notre existence, sans être occultée, sera étroitement imbriquée aux dimensions politiques, culturelles et sociales de notre développement collectif. Pour être réalisable, ce projet exige une évaluation en profondeur des acquis de notre histoire ancienne et récente.

Dire non à l'utopie libérale c'est d'abord se regarder individuellement dans le miroir et se dire que, collectivement, « un autre monde est possible ». Qu'un tel monde exige des sacrifices et des privations. C'est remplacer le désir destructeur de l'accumulation à tout prix par le besoin de justice fondamentale.

Dire non à l'utopie libérale, c'est aussi dire oui à un vivre ensemble exempt de toute division manichéenne qui exploite les différences de genre, d'âge, de culture ou d'identité. C'est dire oui à une utopie solidaire et écologique où nous accepterions de consacrer nos énergies et notre intelligence collective à la réalisation de deux grands objectifs : exister dans la diversité culturelle de vivre ensemble solidaires ; créer démocratiquement des vivre ensemble écologiques respectueux des systèmes naturels dans lesquels nous avons à co-exister avec d'autres espèces. Présentement, nous sommes loin de disposer des « conditions gagnantes ». Au contraire, le prêt-à-porter et le jeter-après-usage, tels des cancers, jour après jour, prennent plus d'ampleur et plus d'importance.

Comment rassembler ces conditions ? En mettant à profit nos ressources et nos intelligences collectives pour libérer une force créatrice qui permettra la réalisation d'un tel projet. C'est ce que nous avons voulu débuter avec notre séminaire et avec ce petit livre. Car il est temps de s'y mettre : les forces créatrices sont en nous, il s'agit d'en trouver la clé. Les fruits du débat présenté en ces pages nous indiquent que l'attente du « grand soir » peut sembler une illusion dans le contexte actuel. Nous sommes plutôt dans un processus – lent, incertain – qui doit mener à l'élaboration de ces nouveaux vivre ensemble.

Partout des voix s'élèvent qui plaident en faveur de cette libération des imaginaires. Au Nord comme au Sud on expérimente de nouvelles avenues. Ces voix émanent de personnes inclues dans les sphères du pouvoir, de l'avoir et du savoir, ainsi que de personnes exclues de ces ressources et de ces outils de domination. Elles émanent d'organisations, de collectifs et même d'entreprises. La dissidence est en marche. Tel un roulement de tambour, elle martèle l'arrière paysage. Mais elle est encore fragile. Il n'en tient qu'à nous, individuellement au départ, mais surtout collectivement, de la renforcer et d'en construire le sens – car ce dernier n'est pas donné d'avance.

Le Collectif d'étude des pratiques solidaires
Montréal, 3 février 2007

BIBLIOGRAPHIE

BAUDRILLARD, Jean. *La Société de consommation*, Paris, Gallimard, coll. «Folio Essais», 1997.

BERNARD, Michel, Vincent CHEYNET et Bruno CLÉMENTIN. *Objectif décroissance,* Montréal, Éditions Écosociété, 2003.

BOISVERT, Dominique. *L'ABC de la simplicité volontaire*, Montréal, Éditions Écosociété, 2005.

De GRAAF, John, et al. *J'achète!: combattre l'épidémie de la surconsommation,* Montréal, Fides, 2004.

ILLICH, Ivan. *Le travail fantôme*, Paris, Éditions du Seuil, 1980.

JACQUIAU, Christian. *Les Coulisses du commerce équitable*, Paris, Éditions Mille et une nuits, coll. «Documents», 2006.

LATOUCHE, Serge. *Survivre au développement*, Paris, Mille et une nuits, 2004.

LETARTE, Maryse. «Nouvelles formes d'économie sociale au Québec – Une solidarité émergente», *Le Devoir*, 7-8 mai 2005, http://www.ledevoir.com/2005/05/07/81080.html.

LIPOVETSKY, Gilles. *Le bonheur paradoxal: Essai sur la société d'hyperconsommation*, Paris, Gallimard, 2006.

WARIDEL, Laure. *Acheter, c'est voter*, Montréal, Éditions Écosociété, 2005.

Internetographie

CHAMBRAS, Aline. «La consommation éthique et bio est-elle une affaire de "bobos"?», *Place Publique*, février 2005, http://www.place-publique.fr/article1477.html.

GALLAIS, Véronique. «Commerce équitable et consommation responsable: un engagement politique qui dépasse la consommation», *Action-Consommation*, mai 2005, http://www.actionconsommation.org/publication/spip.php?article0399.

GALLAIS, Véronique. *Quelques principes de la consommation responsable,* Attac-France, août 2004, http://www.france.attac.org/spip.php?article3693.

GENDRON, Corinne, Marie-France TURCOTTE, René AUDET, Stéphane de BELLEFEUILLE, Marc-André LAFRANCE et Julie MAURAIS. «La consommation comme mobilisation sociale: l'impact des nouveaux mouvements sociaux économiques dans la structure normative des industries», *Les cahiers de la Chaire,* collection recherche n° 15-2003, Chaire de responsabilité sociale et de développement durable, Montréal, 2003, http://www.crsdd.uqam.ca/pdf/pdfCahiersRecherche/15-2003.pdf.

LAMURE, Stéphane. «La consommation: une priorité pour le mouvement altermondialiste?», *Associations solidaire de l'Yonne,* août 2005, http://yonne.lautre.net/article.php3?id_article=920.

NICOLAZ. «Le commerce équitable où en est-on?», *Journal Attac Campus,* n° 2, octobre 2005, http://www.campus.attac.org/IMG/pdf/jac2-final-2.pdf.

PETIT, Martin. «Des fonds socialement responsables. L'éthique du capitalisme», dans *Le Couac,* vol. 7 n° 5, février 2004, p. 5, http://www. lecouac.org/article.php3?id_article=63.

ROCH, Lysiane. «Lorsque responsabilité individuelle croise responsabilité collective», *Oeconomia Humana*, Chaire de responsabilité sociale et de développement durable, septembre 2006, http://www.crsdd.uqam.ca/pdf/pdfBulletins OH/OeconomiaHumanaSept06.pdf.

WARIDEL, Laure. «Une consommation responsable», *Relations*, juin 2005, p. 12-15, http://www.cjf.qc.ca/relations/ archives/themes/textes/citoyennete/cito_wari_0506.htm.

WALLENBORN, G. «La "consommation durable" est-elle possible?», *Politique*, n° 35, juin 2004, http://www.ulb.ac.be/ igeat/igeat/ulb_igeat/upload/cedd/CsoDur_Politique_ Juin04.pdf.

ZACCAI, Edwin. «Jusqu'où peut-aller la consommation responsable?», dans *La Consommation responsable pour contribuer au développement durable,* Actes du Forum du CRIOC, Bruxelles, 1999, p. 101-110.

Sites Internet

Église de la très sainte consommation, *site satirique sur la société de consommation.* http://consomme.free.fr

Éconologie.info, *blogue sur la consommation responsable.* www.econologie.info/index.php

Initiatives durables et responsables, *blogue sur la consommation responsable.* http://durable-et-responsable.hautetfort. com

Institut d'études économiques et sociales pour la décroissance soutenable. www.decroissance.org

La consommation responsable, *magazine mensuel.* www. nouveauconsommateur.com

La consommation responsable: guide de l'enseignant (fiche pédagogique), *Le Réseau Interre-Actif.* www.in-terre-actif. com/fr/show.php?id=271.

Redefining Progress. www.redefiningprogress.org

Réseau pour l'après-développement. www.apres-developpement.org

Publications du CEPS

(disponibles sur le site www.unites.uqam.ca/ceps)

La Tour, Sara, Jérôme Leblanc, Yanick Noiseux et Marco Silvestro. «Pratiques solidaires à l'heure du néolibéralisme: une typologie d'initiatives québécoises émergentes», conférence dans le cadre des Socio-Midis, UQÀM: Département de Sociologie, 23 février 2005.

Leblanc, Jérôme, Yanick Noiseux, Marco Silvestro et collaborateurs. «Pratiques solidaires dans la relation d'échange. Monographies d'initiatives québécoises», Cahier du CRISES, UQÀM, 2005.

Leblanc, Jérôme, Yanick Noiseux, Marco Silvestro et Jean-Marc Fontan. «Pratiques solidaires à l'heure du néolibéralisme: une typologie d'initiatives québécoises émergentes», conférence dans le cadre du colloque Nouveaux mouvements sociaux économiques et développement durable: les nouvelles mobilisations à l'ère de la mondialisation, Colloque annuel de l'ACFAS, Chicoutimi, 10 mai 2005.

Noiseux, Yanick. «Document de référence Internet – dossier commerce équitable», dans Les Cahiers du CRISES, n° ET0416, 151 p., 2004.

Silvestro, Marco. «Quelques synthèses et réflexions sur le commerce équitable», dans *Les Cahiers du CRISES*, n° ET0420, Montréal: UQÀM, CRISES, 41 p., 2004.

Les Éditions Écosociété

De notre catalogue

La Simplicité volontaire plus que jamais...

SERGE MONGEAU

La simplicité volontaire est paru pour la première fois en 1985. Ce livre a eu une grande influence sur de nombreuses personnes, amenées à faire le même bilan que l'auteur sur la société de consommation. Cette nouvelle édition a été entièrement revue et considérablement augmentée. Le livre compte deux parties. La première, intitulée « La crise des valeurs », met en question les valeurs à la base de notre société de consommation. Dans la deuxième partie, « La vie de tous les jours », Serge Mongeau expose les bénéfices qu'il y aurait à simplifier divers aspects de nos vies et il explore les moyens d'y arriver.

Serge Mongeau a étudié la médecine, l'organisation communautaire et les sciences politiques. Auteur de plus de 25 livres, c'est un militant bien connu des milieux pacificistes et écologistes. Il partage aujourd'hui son temps entre l'écriture et l'édition, le jardinage, le sport et l'engagement social.

ISBN 2-921561-39-5   272 pages 22,00 $

Acheter, c'est voter
Le cas du café
LAURE WARIDEL

PUBLIÉ EN COLLABORATION AVEC ÉQUITERRE

On entend souvent dire avec cynisme que «l'argent mène le monde». Mais l'argent n'est pas le seul pouvoir économique et le présent livre porte sur un pouvoir qui est à la portée de tous: celui de contribuer par ses choix de consommation au développement d'une économie responsable. Désireuse de partager les résultats de plusieurs années de recherches et de travail sur le terrain, Laure Waridel décortique dans cet ouvrage les rouages commerciaux qui contribuent à accroître les inégalités entre producteurs des pays du Sud et consommateurs des pays du Nord. Laure Waridel analyse en particulier le cas du café, retraçant sa route, de la plantation à la tasse. Elle en présente les principaux intermédiaires et explique les impacts sociaux et environnementaux des choix de consommation que l'on fait. Ce livre est un appel à l'action!

Laure Waridel est cofondatrice d'Équiterre, une organisation vouée à la promotion de choix écologiques et socialement responsables. Sociologue spécialisée en développement international et en environnement, elle est considérée comme l'une des pionnières du commerce équitable et de la consommation responsable au Québec. Elle a été qualifiée de nouvelle leader par les quotidiens *La Presse* et *The Gazette*, alors que le magazine *Maclean's* l'a présentée comme l'une des «25 jeunes Canadiens qui changent déjà le monde.»

ISBN 2-923165-06-3   176 pages 19,00 $

Alternatives à la globalisation économique
Un autre monde est possible
INTERNATIONAL FORUM ON GLOBALIZATION (IFG), COLLECTIF SOUS LA DIRECTION
DE JOHN CAVANAGH ET JERRY MANDEr

PRÉFACE DE JACQUES B. GÉLINAS

Le livre appelé à devenir la bible des altermondialistes !

Partout dans le monde, les multinationales prennent de l'expansion et tentent d'imposer leur loi : le profit avant tout. Les conséquences désastreuses de leur domination se font de plus en plus claires : appauvrissemnt des populations, destruction des cultures locales, bouleversement des écosystèmes, etc. Parallèlement, des millions de personnes s'opposent à ce type de mondialisation. En particulier depuis Seattle, elles ont appris à mettre en commun leurs idées et leurs énergies, non plus seulement pour contester l'ordre établi, mais également pour affiner leur critique et surtout pour définir les principes et les grand axes d'un développement économique au service des personnes et des communautés, soucieux de préserver la Terre et ses ressources. Ce livre, rédigé par l'avant-garde du mouvement altermondialiste, présente un ensemble d'actions immédiates pour contrer le mouvement de mondialisation néolibérale qu'on nous présente erronément comme irréversible. Tous les domaines y sont abordés : l'eau, les médias, l'énergie, l'agriculture et l'alimentation, les transports… On y montre ainsi comment la privatisation est un procédé pervers alors qu'il est possible de prendre des décisions dans le sens du bien commun ; comment aussi les lieux de travail pourraient être différemment organisés pour tenir compte des besoins des petits producteurs.

L'International Forum on Globalization regroupe des militants, des chercheurs, des économistes et des écrivains. Il a été créé en 1994 pour stimuler le débat, l'activité comune et l'éducation du public au sujet de la globalisation économique.

ISBN 2-923165-14-4 512 pages   35,00 $

LES ÉDITIONS
écosociété

Faites circuler nos livres.

Discutez-en avec d'autres personnes.

Inscrivez-vous à notre Club du livre.

Si vous avez des commentaires, faites-les-nous parvenir; il nous fera plaisir de les communiquer aux auteurs et à notre comité éditorial.

Les Éditions Écosociété
C.P. 32052, comptoir Saint-André
Montréal (Québec) H2L 4Y5
Courriel : info@ecosociete.org
Toile : www.ecosociete.org

NOS DIFFUSEURS

EN AMÉRIQUE   **Diffusion Dimédia inc.**
                539, boulevard Lebeau
                Saint-Laurent (Québec) H4N 1S2
                Téléphone : (514) 336-3941
                Télécopieur : (514) 331-3916
                Courriel : general@dimedia.qc.ca

EN FRANCE et   **DG Diffusion**
EN BELGIQUE   ZI de Bogues
                31750 Escalquens
                Téléphone : 05 61 00 09 99
                Télécopieur : 05 61 00 23 12
                Courriel : dg@dgdiffusion.com

EN SUISSE   **Diffusion Fahrenheit 451**
                Rue du Lac 44
                1400 Yverdon-les-Bains
                Téléphone et télécopieur : 024 425 10 41
                Courriel : diffusion@fahrenheit451.ch

Achevé d'imprimer en avril 2007 par les travailleurs
et les travailleuses de l'imprimerie Gauvin, Gatineau (Québec),
sur papier contenant 100 % de fibres post-consommation
et fabriqué à l'énergie éolienne.